무엇을 사랑하고
어떻게 행복할 것인가

무엇을 사랑하고 ——— 어떻게

유키 소노마 지음
정은희 옮김

행복을
습관으로
만드는
하버드 명강의

행복할
것인가

북플레저

목차

··········· 1장 ···········

성공은 행복을 만들어가는 과정일 뿐이다

··········· 2장 ···········

현명한 소비가 삶의 만족도를 높인다

3장

일에서 즐거움을 찾을 때 삶이 빛난다

4장

목표가 행복을 이끈다

.... 5장

일상의 습관이 지속적인 행복을 만든다

....

다시 한국 독자들을 만나게 되어 설레는 마음입니다. 한 국어판 재출간을 준비하며, '사랑'이라는 단어가 한국에서 얼마나 폭넓고도 깊은 의미를 지니고 있는지를 새삼 깨달 았습니다. 이 책의 제목이 한국 독자들에게 본질적인 행복 에 대해 다시 생각해보는 계기가 되기를 바랍니다.

'사랑'은 단순히 'Love'를 뜻하는 것이 아니라, '삶의 가 치를 느끼게 해주는 관계나 목표', '살아가는 이유가 되는 대상'을 포함하는 더 깊은 개념이기 때문입니다. 어쩌면 '사랑'은 존재의 의미Purpose까지 포괄하는 단어가 아닐까 요?

〈Happiness at Work〉 연구에 따르면, 행복하게 일하기 위해 꼭 필요한 네 가지 조건 중 하나가 바로 'Purpose(존재의 의미)'라고 합니다. 이는 단지 '행복하게 일하는 것'뿐 아니라, '행복하게 살아가는 것'에서도 결코 빠질 수 없는 요소일 것입니다.

이 책은 일본에서는 'How'를 중심으로 구성되었지만, 한국어판에서는 'Why'를 중심에 두고 전개하고자 합니다. 무엇을 사랑하며, 어떻게 행복할 것인지를 함께 고민하고자 하는 한국의 독자들과, 그 미래를 함께 바라보고 싶습니다.

언젠가 여러분과 직접 만나 인사드릴 수 있는 날을 손꼽아 기다리고 있겠습니다.

유키 소노마

우리는 무엇을 사랑하고,
어떻게 행복할 것인가

'성공'의 상징인 동시에 '성공의 함정'을 상징하기도 하는 하버드대학교. 사람들은 하버드대학교를 졸업하면 사회적인 성공과 경제적인 부, 개인적인 행복을 모두 거머쥘 것이라고 쉽게 믿어버린다. 하버드대학교는 세계 최고의 고등교육기관 중 하나로, 역사와 전통, 영향력을 바탕으로 수많은 리더와 혁신가를 배출해왔다. 이러한 이유로 하버드 출신이라는 타이틀만으로도 사회적 신뢰를 얻고 '성공의 상징'이라는 이미지를 지닌다.

그러나 그 이면에는 우리가 쉽게 간과하는 또 다른 현실이 존재한다. 하버드대학교 졸업생 중에는 극심한 경쟁과 사회적 기대에 짓눌려 삶의 방향을 잃거나, 성공을 좇는 과정에서 행복을 희생한 사람들도 적지 않다. 오랫동안 목표로 삼아온 성공을 이루었음에도 불구하고, 정작 내면의 만족과 진정한 행복은 얻지 못하는 경우가 많았다.

그래서 하버드대학교 지도자들은 '성공의 함정에 빠지지 않고 진정한 성공, 나아가 진정한 행복을 손에 넣기 위해서는 어떻게 해야 하는가'에 대해 연구하고, 그 방법을 학생들에게 가르치고 있다. 많은 시간과 비용을 들여 행복해지는 기술에 관해 연구했으며, 그 기술을 제자들에게 전하고자 노력해왔다.

당신은
지금 하는 일에서 즐거움을 느끼고 있는가?
삶의 의미를 찾아냈는가?

성공을 꿈꾸든 꿈꾸지 않든 즐거움이 충만한 나날과 의미 있는 인생을 살고 싶다면, 하버드대학교 학생들이 배우는 이 강의에 귀를 기울여보자. 또한 그들이 추천하는 '행복의 기술'을 꼭 실천해보기를 바란다. 이 책에서 소개하는 하버드식 행복의 기술은 누구나 자신의 삶을 가치 있게 만들 수 있는 진실한 힘을 지니고 있다.

이처럼 단호하게 말할 수 있는 이유는 내가 직접 그 힘을 경험했기 때문이다. 나는 2001년에 커리어 카운슬러 자격을 취득한 뒤, 직업 관련 상담을 주 업무로 하는 인재 육성 사업을 시작했다. 사업을 시작한 지 5년 정도 지나자 사회적 평판과 그에 상응하는 수입, 교외 저택 차고에 세워둔 수입차를 얻게 되었다. 가격표를 보지 않고 쇼핑하고, 좋아하는 물건과 일에 둘러싸여 살아가는, 그야말로 꿈에 그리던 생활이 현실로 펼쳐지기 시작했다.

그러던 어느 날, 문득 말로 설명할 수 없는 공허함이 밀려왔고, 그 감정 속에 빠져 있는 나의 모습을 발견하고 깜짝 놀랐다. 이 공허감의 정체는 무엇일까? 지난 생활은 어떤 의미가 있었을까? 이제까지 내가 살아온 삶은 무엇이었을까? 모든 것이 물거품이 되는 것 같았다. 그 공허감에 굴복하지 않고, 나는 '왜 행복하지 않을까? 어떻게 해야 행복해질 수 있을까?' 하고 나 자신에게 물었다.

그때 만난 학문이 긍정심리학Positive Psychology을 비롯해 행복에 관한 연구인 행복과학The Science of Happiness이었다. 2006년 이 분야의 선구자인 대니얼 길버트Daniel Gilbert, 탈 벤 샤하르Tal Ben-Shahar 등 하버드대학교 연구자들의 연구 결과가 언론을 통해 알려지면서 행복과학은 사람들의 주목을 받기 시작했다.

나는 그들의 연구에 관심을 가지고 점점 더 많은 정보를 찾았다. 그러나 행복해지는 방법에 대한 답은 쉽게 얻을 수 없었다. 그러다 드디어 2011년 하버드대학교 경영대학원 교수 고故 클레이튼 M. 크리스텐슨Clayton M. Christensen의 말과 마주했다.

"목적 없는 삶은 빈껍데기일 뿐이다."

크리스텐슨 교수는 경영계의 아카데미상이라고 부르는 '세계 최고의 경영사상가 50인Thinkers 50'이 창설된 이래, 한 번도 빠지지 않고 순위에 이름을 올린 경제학자다. 바로 그가 〈하버드 비즈니스 리뷰Harvard Business Review〉를 통해 삶의 목적이 얼마나 중요한지에 대해 강조했다.

기사를 읽고 나자 마치 눈이 번쩍 뜨이고 정신이 깨어나는 느낌을 받았다. 그리고 나를 돌아보고는 꿈에 그리던 생활이 현실로 이루어졌음에도 행복하지 않았던 이유를 깨달았다. 그 이유는 직업 상담을 할 때 사람들에게는 삶의 목표를 가져야 한다고 말하면서도 정작 나 자신은 성공의 함정에 빠져 가장 중요한 문제, 즉 '삶의 진정한 목표 찾기'라는 과제를 외면했기 때문이었다. 그러니 꿈을 실현하고 나서도 공허감에 빠져 진정한 성공이 주는 참된 행복을 느낄 수 없었다.

그 사실을 깨닫자 나에게 놀라운 변화가 일어나기 시작했다. 나 자신도 느끼지 못한 사이 어느새 공허함이 사라졌을 뿐만 아니라 매일 행복을 느끼고 있었다. 더구나 공허감을 느끼면서부터는 일을 줄였는데도 수입은 변함이 없었고 풍요로운 생활은 지금까지 이어지고 있다. 풍요로움은 꼭 물질적인 것에서만 발생하는 게 아니었다. 이것이 바로 행복과학의 효과인 것일까.

행복과학 분야를 공부하며 얻은 지식을 조금씩 실천하기 시작했다. 예를 들어 소득과 행복은 비례하지 않는다는 데이터를 보고 수입이 줄어들 것을 각오하고 일을 줄였다.

대신 올바른 지출 습관을 들이도록 노력했다.

물론 이렇게 사는 것이 과연 행복한 것인지, 행복에 대한 의문은 풀리지 않았다. 가끔 '이렇게 살아도 되는 것일까?' 하고 생각만 할 뿐, 행복과학에 입각한 일의 방식이나 생활 태도 외에 뭔가를 실제로 해보지는 않았다. 그런데도 매일 행복하고 풍요로운 생활을 이어가고 있다는 사실을 깨달은 그때, 많은 말이 주마등처럼 머릿속을 스쳐 지나갔다.

행복은 성공을 희생시키지 않는다.

행복은 성공의 결과가 아니라 원인이다.

행복한 사람은 생산성이 높다.

행복의 함정이란 엉뚱한 곳에서 행복을 찾으려는 경향을 말한다.

이것은 모두 하버드대학교의 지도자나 졸업생들이 한 말로, 모두 과학적인 근거가 있는 깨달음이었다. 나는 5년 동안 그들의 깨달음에 관심을 기울이고 때로는 사고하며 실천할 만한 내용은 직접 행동에 옮겼다. 그런 사고와 실천이 나에게 행복을 안겨줬고, 그 행복이 성공을 이끌었다는 점을 실감할 수 있었다.

그래서 내 인생을 완전히 바꿔준 '하버드식 행복의 기술'에 대해 새삼 되짚어보았다. 크리스텐슨뿐만 아니라 하버드대학교 경영대학원에서 교편을 잡은 바 있는 로버트 스티븐 캐플런Robert Steven Kaplan이나 하워드 스티븐슨Howard Stevenson도 진정한 성공과 행복이 무엇인지를 탐구하고, 그 핵심 내용과 실천 방법을 여러 저서를 통해 사람들에게 전하고 있음을 알게 됐다.

하버드대학교는 미국에서 최초로 심리학 연구를 시작한 대학이다. 그리고 앞에서 말했듯이 '성공'의 상징이자 '성공의 함정'의 상징이기도 하다. 거기에는 큰 성공을 거뒀음에도 행복해지지 못한 사람들이 있다. 그래서 하버드대학교 지도자들은 제자들의 행복을 바라는 마음으로 행복한 삶을 위한 아이디어를 탐구하고 가르치는 일을 멈추지 않는다.

한때 일본 경영계는 아베노믹스Abenomics라는 기치 아래 경제 재성장을 향한 기대감으로 들떴던 적이 있었다. 아베노믹스는 일본 총리 '아베' 신조安倍晋三와 '이코노믹스economics'의 합성어로 20년간 계속된 일본의 경기 침체 회복을 위해 추진했던 아베 신조의 경기 부양책이었다. 아베 정권은 양적 완화, 엔화 평가절하, 수출 장려 등으로 기업의 성장을 촉진하여 그 혜택이 일반 국민에게 확산되기를 기대했다.

2015년 4월 닛케이평균주가(니혼게이자이신문사가 산출·발표하는 일본의 대표적인 주가지수)가 15년 만에 시가와 종가 모두 2만 엔을 돌파하면서 경제 회복에 대한 기대가 한층 더 부풀어 오르기도 했다. 그러나 당시《21세기 자본 Capital in the Twenty - First Century》으로 세계적인 주목을 받는 프랑스 경제학자 토마 피케티 Thomas Piketty는 '아베노믹스는 계층 간 격차를 더 크게 벌릴 것'이라고 지적한 바 있다.

현재 우리의 모습은 어떠한가? 경제 전문가들은 세계 경제 성장률에 관해 우려 섞인 목소리를 내고 있고, 여전히 사람들은 경제가 어렵다고 한탄하고 있다. 불투명한 미래에 대한 유일한 해결책이 마치 경제적 부인 것처럼 맹목적으로 부의 증식에 집착하는 사람도 적지 않다. 하지만 경제 성장의 분위기에 도취하고 성공의 함정에 빠져 경제적 부만 좇는다면 오히려 행복에서 멀어질 것이다.

대부분 사람들은 경제적 여유로움이 행복의 전제 조건
이라고 착각한다. 이런 상황이기에 하버드대학교 연구자
들이 말하는 행복의 기술을 더 많은 사람에게 전하는 것이
상당히 의미 있는 일이라고 생각한다. 이 책에서는 부와 행
복의 관계를 다룬 과학적 지식을 한데 모았다. 이는 성공과
부에 눈이 멀기 쉬운 우리에게 경종을 울려줄 것이다. 맹목
적으로 부를 좇으면 오히려 행복과 더 멀어질 수 있다는 부
와 행복의 관계를 체계적으로 살펴볼 예정이다. 하버드대
학교 연구자들의 생각과 사상을 축으로 폭넓은 분야에 걸
친 행복의 기술을 체계적으로 설명하고자 한다.

행복에 관련한 연구 분야는 하버드대학교 연구자뿐만 아
니라 프린스턴대학교의 고故 대니얼 카너먼Daniel Kahneman, 클
레어몬트대학원의 고故 미하이 칙센트미하이Mihaly Csikszentmi-
halyi, 펜실베이니아대학교의 마틴 셀리그만Martin Seligman, 일
리노이대학교의 고故 에드 디너Ed Diener를 비롯해 바버라 프
레드릭슨Barbara Fredrickson, 로라 킹Laura King, 대커 켈트너Dacher
Keltner, 에밀리아나 R. 사이먼 토머스Emiliana R. Simon-Thomas,
오이시 시게히로大石繁宏 등 우수한 연구자들의 활약으로 발

전해왔다. 그들의 연구도 필요한 경우 인용했다.

행복에 관한 연구는 심리학, 경제학, 뇌과학 등 여러 영역에서 깊이를 더해가고 있다. 크리스텐슨과 같은 학자들의 사상과 방법까지 행복과학이라고 부르는 점에 이의를 제기하는 사람이 있을지도 모르겠다. 하지만 나는 과학적 접근을 바탕으로 한 실리적인 지식을 전부 행복의 기술이라 부르며, 행복과학이라고 소개하고 싶다.

나는 경력 개발을 지원하는 일을 하면서 여러 사람을 만났다. 일을 통해 행복을 얻은 사람도 있었지만 일이 주는 기쁨을 얻지 못하고 일 때문에 불행해진 사람도 있었다. 이러한 경험을 통해 행복하기 위해서는 누구든 연습이 필요하다는 것을 깨달았다.

이 책은 일을 통해 행복해지는 방법을 다섯 가지 영역에서 접근한다. 하버드대학교 연구자들의 행복에 관한 철학, 유지하는 비결, 실천 방법을 담았다.

1. 성공은 행복을 만들어가는 과정일 뿐이다.
2. 현명한 소비가 삶의 만족도를 높인다.

3. 일에서 즐거움을 찾을 때 삶이 빛난다.

4. 목표가 행복을 이끈다.

5. 일상의 습관이 지속적인 행복을 만든다.

우리는 모두 행복을 원하지만, 어떻게 행복해질 수 있는지는 막연하게 느낀다. 무엇을 사랑해야 할지, 어떻게 삶을 의미 있게 만들 수 있을지 고민하지만, 분명한 답을 찾지 못한 채 바쁜 일상 속에서 흔들리곤 한다. 이 책은 행복에 대한 가장 지적인 질문들을 던지며, 하버드대학교에서 연구한 행복의 원칙과 인생의 본질을 탐구한다.

경력을 쌓는 것은 단순히 직업적 성취를 이루는 것을 넘어, 자신의 삶을 더 깊이 이해하고 '진정한 행복Authentic Happiness'으로 향하는 길을 걷는 것과 같다. 그 길을 걸어가는 과정에서 우리는 다양한 경험을 쌓으며 성장하고, 때로는 좌절과 시행착오를 겪기도 하지만, 결국에는 자신만의 길 끝에는 삶의 진정한 목적이 우리를 기다리고 있을 것이다. 그 여정에서 분명 천직, 마음에 충족감을 주는 일인 '소울워크Soul Work'와도 만날 수 있을 것이다.

세계 최고 지성들이 전하는 행복의 기술을 통해 자신에

게 맞는 직업을 찾아 진정한 성공과 행복을 손에 넣기를 진심으로 바란다. 더불어 여러분 각자가 행복과 성공을 얻게 되면, 그 행복과 적절한 부가 마치 수면에 이는 물결처럼 가정과 직장, 지역사회로 퍼져나가 더 좋은 사회가 될 수 있기를 바라 마지않는다.

유키 소노마

행복은 행동하는 자의 몫이다

행복은 기다리는 것이 아니라 만드는 것이다.

—유키 소노마

개인적으로 행복이라는 말을 좋아하는 편은 아니다. 행복한 삶을 바라지 않는다는 뜻이 아니다. 모두라고 해도 좋을 만큼 많은 사람이 행복을 꿈꾸고 있고, 나 역시 그런 평범한 사람 중 한 명이다. 다만 내가 행복이라는 말을 즐겨 쓰지 않는 이유는, 행복은 내 몫이 아닌 것 같은 기분이 드는 탓이다. 행복이라는 말만큼 자주 쓰고 많이 듣지만, 멀게 느껴지는 단어가 있을까.

살면서 스스로 행복하다고 느낀 기억은 손에 꼽을 정도인 데다 주변을 둘러봐도 행복하다고 말하는 사람을 찾기란 쉬운 일이 아니다. 그래서 행복은 마치 현실이 아니라 동화 속에서나 존재하는 것 같은 느낌이 들 정도다. 그런데도 누군가 한 해의 소망이나 삶의 목표를 물으면, 머릿속에 가장 먼저 행복이라는 단어가 떠오르는 것은 참으로 모순이 아닐 수 없다.

세계에서 가장 똑똑한 사람들이 모여 머리를 맞댄다고 해서 뭐가 다를까. 정말 행복이라는 것이 현실에 존재하지 않는다면, 제아무리 난다 긴다 하는 학자들이라도 행복의 실체에 다가가기는 어려우리라 생각했다. 하지만 스스로 부끄럽다고 해야 할지, 아니면 다행스럽다고 해야 할지 몰라도 여하튼 그런 나의 의심은 생각보다 빨리 깨지기 시작했다.

탈 벤 샤하르가 열여섯 살 때 겪은 이야기를 읽으면서부터였다. 스쿼시 챔피언이 된 후 당연히 손에 들어오리라 생각했던 행복이 어느새 사라졌음을 깨닫고 눈물을 흘렸던 벤 샤하르의 경험담에 공감하지 않을 수 없었다. 돌이켜보면 나에게도 분명 행복한 순간들이 있었다. 다만 그 행복들이 잠깐씩 손끝을 스쳐 지나가기만 하고 손에 잡히지는 않았으니, 마치 행복이 실재하지 않는 것처럼 느껴졌을 뿐이었다.

이렇게 행복의 속성을 제대로 알고 있는 사람들이라면, 어쩌면 행복의 실체를 낱낱이 밝혀서 우리 삶 속으로 끌어올 수 있겠다는 기대가 생겼고, 그 기대는 책장의 숫자가 커질 때마다 점점 더 구체화되었다. 행복이란 이상이나 관념 속에서가 아니라 현실과 행동 속에서 존재한다는 사실을 깨달아가던 중, 행복의 실체를 의심하고 거리를 두었던 나의 어리석은 생각을 깨우쳐주는 죽비와도 같은 말을 만났다.

"행복은 기다리는 것이 아니라 만드는 것이다."

지금까지 내가 행복을 멀게 느꼈던 이유는 그저 기다리기만 했을 뿐, 스스로 만들려고 하지 않았기 때문이다. 학창 시절에는 대학에 들어가기만 하면 새로운 세상이 펼쳐질 줄 알았고, 거듭된 취업 실패에 스트레스가 쌓이고 쌓였던 때는 취업에 성공하기만 하면 '고생 끝, 행복 시작'이라는 말을 체감할 수 있으리라 기대했다. 하지만 대학에 입학해도 회사에 입사해도 끝내 행복을 손에 쥘 수 없었다.

대학 입학과 취업을 위해 노력하는 동안에는 그 뒤에 행복이 올 것을 기대하며 '현재의 즐거움'을 희생시켰고, 바라던 바를 이루고 난 후에는 그저 손을 놓고 행복이 스스로 굴러오기만을 기다렸다. 감나무 밑에서 입을 벌린 채 감이 떨어지기만을 기다리는 어리석은 사람과 다를 바가 없었다. 행복은 행동하는 자의 몫이라는 점을 이해하지 못했다.

이런 사실을 깨달았다고 하더라도 어떻게 행동해야 할지 모른다면, 행복을 손에 넣기는 쉽지 않다. 그런 사람들에게 이 책은 해답지와도 같다. 혹자는 마음가짐을 바꾸는 것만으로도 우리 삶이 행복해질 수 있다고 말하지만, 이 책은 마음가짐의 문제에만 그치지 않고 구체적으로 어떻게 행동해야 하는지도 알려준다. 그저 절약해야 한다고 말하지 않고, 재활용하고 빌려 쓰는 방법에 대해 설명한다.

감사하는 마음을 가지고 친절을 베풀어야 한다고 말하는 데 그치지 않고, 감사 일기를 쓰게 하고 친절 행동을 계획하고 실행하는 방법을 가르쳐준다. 그 방법들은 어렵거나 거창하지 않아 당장에라도 따라 할 수 있다. 그래서 행복의 파랑새는 동화 속에만 있는 것이 아니라 우리 가까이에 존재한다는 점을 실감하게 한다.

행복 활동을 실천하여 행복을 향한 발걸음을 내딛기를 제안하는 저자는 그 첫걸음으로 '감사하기'를 추천한다. 저자의 조언에 따라 나 역시 감사한 일을 떠올리는 것으로 행복을 향한 첫발을 떼보고자 한다. 며칠 전 계단에서 발목을 접질렸는데 크게 다치지 않아서 감사하고, 잃어버린 줄 알았던 장갑 한쪽을 뜻밖에 차 안에서 찾은 일에 감사한다.

무엇보다도 가끔은 일이 뜻대로 안 풀려 답답하고 때로는 수면 부족에 시달리기도 하지만, 매번 새로운 설렘과 배움의 기회를 제공하고 몰입을 통해 보람과 행복을 느끼게 하는 천직을 만났다는 사실에 감사한다. 그리고 내가 좋아하는 일을 할 수 있도록 곁에서 항상 응원해주는 소중한 사람들에게도 감사의 마음을 전한다.

행복의 파랑새가 있다고 말하며 희망을 전하는 사람이 있는가 하면, 없다는 말로 안타까움을 자아내는 사람도 있다. 하지만 중요한 것은 파랑새가 있느냐 없느냐의 문제가 아닌 듯하다. 있을지 없을지도 모르는 파랑새를 마냥 기다

리거나 찾으려고만 하지 말고 이 책을 지침서로 삼아 자신
만의 파랑새를 스스로 그려나가면 어떨까. 행복은 기다리
는 것이 아니라 만드는 것이니 말이다.

정은희

1장

성공은 행복을 만들어가는 과정일 뿐이다

사람은 뭔가를 이루면 행복해질 수 있다는

'행복의 신화'에 얽매여 있다.

—소냐 류보머스키(하버드대학교 졸업/캘리포니아대학교 교수)

'행복의 신화'에서
벗어나라

우리는 승진을 하면, 부자가 되면, 결혼을 하면 행복해질 수 있다고 생각한다. 소냐 류보머스키 Sonja Lyubomirsky 는 뭔가를 이루면 행복해질 수 있다는 식의 믿음을 '행복의 신화'라고 불렀다. 행복과학 분야를 오랫동안 연구한 심리학자 류보머스키는 하버드대학교를 졸업하고 스탠퍼드대학교에서 박사 학위를 취득했다. 현재는 캘리포니아대학교에서 교수로 재임 중이며 미국 내 언론에도 자주 등장하는 연구자다.

류보머스키는 사람들이 행복에 대해 가지고 있는 믿음의 실체를 밝히기 위해서, 여러 연구 결과를 통해 다양한

'행복의 신화'를 검증하여 2013년《행복의 신화 The Myths of Happiness》라는 책을 출간했다. 이 책에서 저자는 승진을 해도 얼마 지나지 않아 높은 직급은 당연시되고, 부유한 사람은 더 많은 부를 원하며, 결혼의 달콤함은 기껏해야 2년 동안만 지속된다고 말한다. 처음에는 새로운 변화에 만족할지라도 그 만족감이 기대했던 만큼 크지 않은 데다 오랫동안 지속되지도 않는다고 지적한다.

또한 위기 상황에 맞닥뜨리면 우리는 흔히 '두 번 다시 행복해지지 못할 것이다', '행복한 인생은 이제 끝났다'와 같은 과잉 반응을 보이기 쉽다. 그런 비합리적인 태도 대신 상황에 유연하게 반응하기 위해서는 '행복의 신화'와 떼려야 뗄 수 없는 관계에 있는 '성공의 신화'에서 벗어나 자유로워져야 한다. 앞으로 그 방법에 관해서는 차차 설명하도록 하겠다.

작은 회사를 경영하는 내 친구는 십수 년 전까지 종업원이 천 명이 넘는 그룹의 사장이었다. 고급 주택가에 위치한 호화 저택에서 살았고, 차에는 관심이 없다고 하면서도 세련된 외제차를 타고 다녔으며, 고급 클럽에 드나드는 일도 일상다반사였다.

하지만 안타깝게도 회사가 도산하고 말았다. 그는 빚을 갚으라는 은행의 독촉에 시달렸고, 채권자들에게 고개 숙여 사죄하러 다녀야 했다. 생각지도 못한 위기에 처한 그는 모든 일이 정리된 후 이렇게 고백했다.

"절망에 빠진 나머지 다리 위에서 딱 한 번, 정말 순간적으로 터무니없는 생각이 머리에 스쳤어."

긴 소송을 끝내고 채무를 정리한 그는 현재 딱 하나 남은 영세기업을 운영하고 있다. 아침 일찍 출근하여 직원들과 함께 현장에서 땀을 흘리며 일한다. 매일 부모님을 보살피고, 저녁에는 반주로 소주를 즐기며, 주말이 되면 소형 하이브리드 자동차를 타고 아내와 하이킹을 떠난다. 그는 그룹의 사장이었던 시절보다 지금 더 행복해 보인다.

어느 날 그를 만나 직접 물어보았다. 그룹을 운영했던 때와 지금 중 언제가 더 행복한지. 그는 단호하게 "지금이 더 행복하다"라고 대답했다. 물론 그는 예전에도 행복했으며, 지금은 아내와 친척들의 도움으로 재기에 성공했기 때문에 그렇게 답할 수 있는 것이라고 볼 수도 있다.

하지만 그가 행복을 손에 넣은 것은 다름 아닌 그의 마음 가짐이 변했기 때문이다. 그 마음가짐은 감사와 친절이었 다. 작은 일에도 고마움을 표현하는 습관이 생겼고, 타인을 도우려는 친절한 태도가 그의 마음을 변화시켰다. 이런 마 음가짐을 갖는 습관은 과학적으로 행복과 이어지는 방법 임이 검증되었다. 이를 어떻게 실천할 수 있는지에 대해선 5장에서 자세하게 다룰 예정이다.

'성공의 신화'는 매력적이긴 하지만, 마치 전설과도 같아 서 실제로는 존재하지 않는다. 앞서 이야기한 내 친구의 치 열했던 삶을 보고 있자면 지위나 명예, 부 없이도 지속 가 능한 행복이 존재한다는 사실을 일깨워준다. 부자든 아니 든 승진이나 결혼을 하든 못 하든 행복해질 수 있고, 나아 가 그 행복을 계속해서 누릴 수 있다. 그의 삶은 분명하게 충만했고, 진정한 의미에서 행복이 무엇인지 다시금 생각 하게 만들었다. 결국 중요한 것은 성공의 외형적인 기준이 아니라, 자신에게 진정으로 의미 있는 삶을 사는가 하는 점 이다.

우리가 추구해야 할 것은 사회가 정해놓은 '성공의 신화'에서 벗어나, 자신만이 정의할 수 있는 진정한 성공이다. 다른 사람의 기준이 아니라 나에게 의미 있는 성취를 이루고, 나다운 삶을 살아가야 하는 것이다. 그 길을 걷다 보면 어느 순간 지속 가능한 행복이 자연스럽게 우리 곁에 머물러 있을 것이다.

행복이란 충만한 즐거움과
삶의 의미를 함께 느끼는 경험이다.

— 탈 벤 샤하르(前 하버드대학교 강사)

당신은 지금
행복한가

행복이란 대체 무엇일까.

학문적으로는 행복을 감정적인 측면과 인지적인 측면에서 접근한다. 감정적인 측면에서의 행복은 즐거움이나 만족감과 같이 매일 변하는 감정을 뜻한다. 인지적인 측면의 행복은 자신의 삶이 어떤 상태에 있는지를 깨닫고 삶의 의미나 가치를 지속적으로 파악하고, 추구하는 것을 뜻한다.

행복과학 분야의 연구자 소냐 류보머스키는 행복을 이와 같이 두 가지 측면에서 파악하여 '매일 느끼는 즐거움과 충만함, 그리고 자신의 삶이 유의미하며 가치 있다고 인지하는 상태'라고 정의한다. 이 정의를 요약하면, 하버드대학교에서 행복한 삶을 위한 강의를 하며 큰 인기를 얻은 탈 벤 샤하르의 '행복이란 충만한 즐거움과 삶의 의미를 함께 느끼는 경험'이라는 정의와 상통한다.

벤 샤하르는 열여섯 살 때 이스라엘 전국 스쿼시 대회에 출전해 우승을 차지했다. 시합이 끝난 뒤 상상을 초월하는 행복에 취해 가족, 친구들과 함께 마을로 몰려나가 승리를 자축했다. 그러고 나서 집으로 돌아온 그는 한 가지 사실을 깨달았다. 그가 오래도록 음미하고 싶었던 행복은 이미 사라지고 공허감이 자신을 둘러싸고 있다는 사실이었다.

대회를 준비하던 5년간의 고된 훈련을 견뎌낸 보상으로 겨우 행복을 손에 넣었다고 생각했지만, 행복은 허무하게 사라졌다. 그는 "나는 왜 이제 행복하지 않을까?", "행복이 오래 유지되도록 바랄 수 없을까?" 자문하며 쓰디쓴 눈물을 흘렸다고 한다. 그때의 경험을 계기로 벤 샤하르는 인생의 초점을 행복이라는 문제에 맞추게 되었다.

그 후 하버드대학교에 입학해보니 많은 학생이 허무감, 불안감, 스트레스로 고통받고 있었다. 미국뿐만 아니라 세계 곳곳에서 정상의 자리를 꿈꾸며 입학한 학생들이 괴로

위하는 모습을 보았다. 벤 샤하르는 "어떻게 하면 행복하게 살아갈 수 있을까?"에 관해 탐구하기 시작했다. 그리고 하버드대학교에서 최초로 긍정심리학 강의를 개설한 고故 필립 스톤Philip Stone의 가르침을 받은 후, 2002년 불과 8명밖에 안 되는 학생들과 세미나를 열었다.

이듬해 세미나가 공개 강의로 바뀌자 놀랍게도 380명의 학생들이 수강을 신청했다. 게다가 2006년 벤 샤하르는 스톤의 긍정심리학 강의를 이어받았고, 그의 강의는 하버드대학교에서 최다 수강생을 자랑하는 최고 인기 강의가 되어 언론에도 소개되었다.

뜻밖의 인기에 가장 놀란 사람은 벤 샤하르 자신이었다. 시대는 그를 필요로 했다. 그의 저서 《해피어Happier》에 따르면 2008년 당시 미국의 우울증 환자 수는 60년대보다 10배 증가했다고 한다. 사람들은 행복을 논하는 수업을 통해서 구원의 길을 찾고자 했을 것이다.

벤 샤하르는 '현재의 이익'과 '미래의 이익'이라는 두 가지 개념을 축으로 하여, 네 영역으로 나눈 '햄버거 모델'로 행복을 설명했다. 그는 햄버거를 좋아했는데, 어느 날 햄버거를 먹다가 이 모델을 생각해냈다. 햄버거 모델에서는 인

햄버거 모델

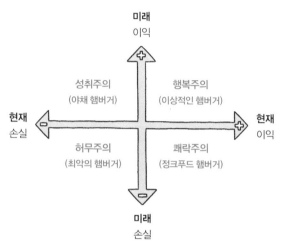

미래
이익

성취주의
(야채 햄버거)

행복주의
(이상적인 햄버거)

현재
손실

현재
이익

허무주의
(최악의 햄버거)

쾌락주의
(정크푸드 햄버거)

미래
손실

출처:《해피어》copyright © 2007 탈 벤 샤하르

간의 삶을 네 종류의 햄버거로 표현하여, '성취주의', '행복
주의', '허무주의', '쾌락주의'라고 명명했다.

① **성취주의(야채 햄버거)**: 현재의 손실(맛없다)×미래의
이익(건강에 좋다)

② **행복주의(이상적인 햄버거)**: 현재의 이익(매우 맛있
다)×미래의 이익(건강에 아주 좋다)

③ **허무주의(최악의 햄버거)**: 현재의 손실(맛없다)×미래

의 손실(건강에 나쁘다)

④ **쾌락주의(정크푸드 햄버거):** 현재의 이익(맛있다)×미
래의 손실(건강에 나쁘다)

'현재의 이익'을 주는 활동은 우리가 즐거움을 느끼게 하
고, '미래의 이익'을 주는 목표는 의미가 있어 성취감과 충
실감을 안겨준다. 이 햄버거 모델을 바탕으로 현재 자신이
어떤 삶을 살고 있는지 확인해볼 수 있다. 정크푸드 햄버거
는 지금 당장 맛있는 음식을 먹는다는 현재의 이익이 있지
만, 먹고 난 후에는 건강이 나빠지는 미래의 손실이 발생한
다. 맛은 없지만 건강에 좋은 야채 햄버거는 맛있게 먹는
즐거움은 포기해야 하지만 건강해진다는 미래의 이익을
얻을 수 있다. 최악의 햄버거는 맛도 없고, 건강도 나빠지
는 형태이다. 이 세 가지 모델 말고도 하나가 더 있다. 맛있
으면서도 건강에도 좋은 햄버거이다. 현재의 즐거움과 미
래의 이익을 모두 보장해주는 이상적인 형태이다.

행복이란 '충만한 즐거움과 삶의 의미를 함께 느끼는 경
험'이라는 벤 샤하르의 정의는 즐거움(=현재의 이익)과 의
미(=미래의 이익), 이 두 가지 요소가 동시에 충족되는 상태

를 뜻한다.

소득 증가를 목표로 하는 사회에서는 지위, 명예, 경제적 부의 축적을 성공의 기준으로 삼는다. 높은 연봉, 승진, 더 좋은 타이틀이 곧 성공을 의미하며, 많은 사람이 이러한 목표를 이루기 위해 끊임없이 노력한다. 이러한 가치관은 자연스럽게 현재의 즐거움을 희생하고 미래의 성공을 위해 끝없이 달리는 삶을 강요한다.

더 나은 미래를 꿈꾸며 밤낮으로 일에 매달린다. 하지만 정작 그 끝이 어디인지, 그 끝에서 진정한 만족과 행복이 기다리고 있는지는 불확실하다. 이처럼 끊임없이 성취를 향해 질주하는 '성취주의' 행동 패턴에 빠지면 어느 순간 자신이 무엇을 위해 그렇게 달려왔는지조차 잊어버리게 된다. 더욱이 목표를 하나씩 이루어도 허무함을 느낄 수 있으며, 또 다른 목표를 설정하지 않으면 불안해지는 악순환에 갇히기도 한다.

만약 지위, 명예, 부로 인한 성공에도 만족을 느끼지 못하고 허무감을 느낀다면 진정한 성공의 의미를 재정의할 때이다. 미래의 이익을 위해 현재를 희생하는 것이 아니라 현재의 순간에서도 즐거움과 만족을 느낄 수 있는 활동이 무엇인지 무엇인지 생각해야 한다. 그러한 활동을 통해 자신이 달성하고 싶은 목표는 무엇인지, 즉 자신만의 진정한 성공의 의미를 재정의할 수 있을 때, 행복을 향한 첫걸음을 착실하게 내디딜 수 있다.

행복의 함정이란

엉뚱한 곳에서 행복을 찾으려는 경향을 말한다.

— 소냐 류보머스키(하버드대학교 졸업 / 캘리포니아대학교 교수)

행복의 덫에
빠지지 마라

소냐 류보머스키의 《How to be happy - 행복도 연습이 필요하다》에는 "행복의 함정이란 엉뚱한 곳에서 행복을 찾으려는 경향을 말한다"라는 말이 나온다. 이 문장을 보자 동화《파랑새》가 떠올랐다. 파랑새를 찾아 여행하는 어린 남매는 행복을 찾아 성공을 좇는 현대인의 모습과 유사하다. 행복이라는 파랑새는 각자의 마음속에 있는데, 우리는 대개 무의식적으로 파랑새를 자신의 외부에서 찾는다. 류보머스키는 "행복은 각자의 내면에 있다"라고 말한다.

'인생게임'이라는 보드게임이 있다. 인생의 여러 사건을 겪으면서 억만장자가 되는 것을 목표로 하는 게임이다. 이

게임은 19세기 미국에서 개발되어 전 세계적으로 인기를 끌었으며, 일본에는 1968년 '인생, 산이 있으면 골짜기도 있다'라는 TV 광고와 함께 초판이 발매되었다.

1968년은 일본의 국민총생산GNP, Gross National Product이 세계 2위에 오른 해이다. 이케다 하야토池田勇人 총리 내각의 소득배증계획을 기반으로 한 경제 정책이 효과를 발휘하던 시기였다. 10년 동안 GNP를 두 배로 늘리겠다는 목표 아래 산업 구조의 고도화, 무역 및 국제 경제 협력 촉진, 과학 기술 진흥, 농촌의 근대화 등 다양한 경제 정책을 펼쳤다. 일본 전체가 '1억총중류一億総中流'라는 구호 아래 물질적인 풍요를 꿈꾸던 때였다. 1억총중류란 말 그대로 인구 1억 명 전체가 중산층이 된다는 꿈을 품은 것이다.

이러한 고도성장의 분위기를 반영하는 듯한 게임이 등장했다. 사람들이 억만장자의 꿈을 게임에 투영했던 덕분이었을까, 인생게임은 엄청난 히트 상품으로 등극했다. 그 후에도 석유 파동, 버블 경제와 그 붕괴, 리먼 사태 등 시대상을 반영하는 새로운 시리즈가 발매되어 폭발적인 인기를 증명했다.

그런데 이 게임에 위화감을 느낀 한 소녀가 있었다. 바로 주식회사 글로패스Glopath의 최고경영자를 거쳐 현재 교육 컨설팅 회사 타임리프TimeLeap의 설립자이자 대표를 맡고 있는 니레이 아야카仁禮彩香이다. 1997년에 태어난 니레이 는 세계적인 강연 플랫폼 TED의 키즈 오디션에 선발되어 치요다테드키즈TED×Kids@Chiyoda2013에서 다음과 같은 프레젠 테이션을 선보였다.

1. 인생게임에서 느끼는 위화감의 정체는 대부호와 대빈민, 두 가지 결말만이 존재하는 게임의 세계관에서 비롯된다.
2. 어린이인 내가 인생게임을 만든다면 완전히 다른 형태로 만들 것이다.
3. 전 세계 아이들이 각자 자신만의 인생게임을 만들었다면 그들은 역사, 문화, 정치, 경제 등 서로 다른 배경에서 성장해온 각자의 가치관에 따라 전혀 다른 인생게임을 만들었을 것이다.
4. 전 세계의 아이들이 다른 나라 아이가 만든 인생게임을 한다면, 각자가 지닌 가치관의 차이를 이해하고 배울 것이다. 서로의 삶을 인정하고 존중하며 언젠가는 가치관

이 하나로 통합되는 날이 올 것이고, 그러면 이 세상에서 전쟁은 사라질 것이다.

니레이는 중학교 2학년 때 친구 두 명과 주식회사 글로패스를 설립하여, 도쿄를 세계에서 가장 멋진 관광 도시로 만드는 '스마트 트래블링 프로젝트Smart Traveling Project', 세계 지진다발국의 감재력을 높이는 '포스트 퀘이크 이노베이션 포럼Post quake Innovation Forum' 등 아이들의 아이디어와 생각을 실현하는 사업을 추진했다. 그중 포스트 퀘이크 이노베이션 사업은 재해로 인한 피해를 최소화하기 위한 대처 능력을 기르기 위한 것이다. 재해가 일어나지 않도록 방지하는 '방재'와 달리, 자연재해는 피할 수 없으므로 그로 인한 피해를 최소화하자는 개념에서 나온 것이다. '감재력'이라는 용어는 특히 2011년 발생한 동일본대지진 이후 일본 사회 전체로 확산되었다.

그런 니레이가 떠올린 아이디어가 바로 억만장자가 아니라 행복해지는 것을 목표로 하는 인생게임이었다. 그는 사업 파트너 사이토 루카齊藤瑠夏와 함께, 자신들이 '글로패스 프렌드'라고 부르는 11개국의 아이들에게 도움을 요청해 가치관의 차이를 조사했다.

조사 결과를 바탕으로 만든 샘플은 이탈리아, 폴란드, 인도네시아, 사우디아라비아 네 지역을 포함한 '글로벌 인생게임'이었다. 예를 들어 이 게임에는 여러 국가가 표기되어 있는데 이탈리아 지역에 게임의 말이 도착하면 '낮잠으로 2회 휴식'이라는 규정을 지켜야 한다. 이탈리아와 같은 지중해 연안의 나라들은 여름철 뜨거운 햇볕이 내리쬐는 오후에 낮잠을 즐기는 시에스타Siesta 문화가 있는데, 이를 반영한 것이다.

게임의 목적도 단순히 '돈을 많이 버는 것'이 아니었다. 아이들은 놀면서 자연스럽게 다른 나라의 문화와 가치관을 배울 수 있다. 니레이와 그의 동료들은 이렇게 전 세계 아이들이 다양한 문화가 담긴 인생게임을 만들어서 놀면, 서로 다른 가치관을 자연스럽게 받아들이고 결국 세상에서 전쟁은 사라질 것이라고 생각했다.

이들의 발상은 유연하고 자유분방할 뿐만 아니라 세계의 움직임을 직관적으로 파악하고 있었다. 국가의 부를 측정하는 지표가 국내총생산에서 국민총행복지수GNH, Gross National Happiness로 바뀌고 있었기 때문이다.

국내총생산이 아닌 국민총행복지수를 높이는 정책에 일찍부터 힘을 쏟은 나라는 부탄으로, 국민총행복지수라는 개념을 처음으로 주창한 나라이기도 하다. 부탄은 히말라야 산맥의 동쪽 끝, 대한민국의 약 40% 정도 크기의 국토에 약 80만 명이 살고 있는 작은 나라이다.

UN은 2011년 7월 '행복을 국가 발전의 지표로 고려해야 한다'는 결의안을 채택하면서 국민총행복지수가 세계적으로 주목을 받기 시작했다. 그 후 UN은 2012년부터 《세계 행복 보고서World Happiness Report》를 발표하고 매년 3월 20일을 '세계 행복의 날'로 정했다.

《세계 행복 보고서》의 행복 순위를 평가하는 기준은 '국민 1인당 GDP', '사회적 지원', '건강한 기대 수명', '삶의 선택 자유도', '관대함', '부패에 대한 인식'이다. 이런 요소들은 단순한 경제적 성장뿐만 아니라, 개인과 사회의 전반적인 복지 수준, 삶의 자유도, 신뢰와 공정성 등 다양한 요인들을 반영한다.

2024년 기준 세계에서 가장 행복한 나라로 선정된 국가는 핀란드이다. 그 뒤를 이어 덴마크, 아이슬란드, 스웨덴 등 북유럽 국가들이 상위권을 차지했다. 이들 국가는 강력한 사회 복지 시스템, 높은 삶의 만족도, 균형 잡힌 일과 생활, 국민 간의 높은 신뢰도를 바탕으로 지속적으로 행복지수에서 높은 점수를 기록했다.

특히 핀란드는 7년 연속 세계에서 가장 행복한 나라로 선정되었다. 그 비결로는 교육과 복지 시스템의 우수성, 공정한 사회 구조, 자연과 조화로운 삶, 심리적 안정감이 꼽힌다. 덴마크는 높은 세금 부담에도 불구하고 사회적 안정망과 복지 제도 덕분에 국민들이 안정적인 삶을 누릴 수 있는 환경을 갖추고 있으며, 아이슬란드는 작은 인구 규모에도 불구하고 강한 공동체 의식과 삶의 질을 중시하는 문화 덕분에 높은 행복도를 유지하고 있다.

반면, 일본의 행복도는 51위, 대한민국은 52위에 머물렀다. 두 나라 모두 경제적으로 높은 수준을 유지하고 있음에도 불구하고, 행복도에서는 기대보다 낮은 순위를 기록했다. 이는 단순히 경제적 성장과 높은 국민총생산이 행복을 보장하지 않는다는 사실을 보여준다. 특히, 사회적 불평등, 과도한 경쟁, 장시간 노동, 낮은 삶의 선택 자유도 등이 국민들의 삶의 만족도를 저하시킨 주요 요인으로 지적된다.

예를 들어, 대한민국과 일본 모두 고도 성장과 빠른 산업

화를 이루었지만, 그 과정에서 사회적 신뢰와 공동체 의식이 약화되고, 개인 간 경쟁이 극심해지면서 행복도가 상대적으로 낮게 나타났다. 높은 교육열과 직장 내 경쟁 문화는 개인의 스트레스 수준을 증가시키고, 전반적인 삶의 질을 떨어뜨리는 결과를 낳고 있다. 결국 행복은 경제적 풍요만으로 이루어지지 않으며, 오히려 사회적 연결, 심리적 안정, 삶의 균형이 중요한 요소로 작용한다는 점을 다시금 상기시킨다.

UN 결의안이 발표된 후 영국, 프랑스, 이탈리아 등 여러 선진국들은 국민총행복지수를 바탕으로 한 정책을 잇따라 수립하며, 단순한 경제 성장 지표를 넘어 국민의 전반적인 삶의 질을 향상시키기 위한 노력을 강화했다. 이들 국가는 물질적 풍요만으로는 국민의 행복을 보장할 수 없다는 점을 인식하고, 심리적 안정, 사회적 유대감, 삶의 균형과 같은 비경제적 요소를 고려한 정책을 도입하기 시작했다. 이러한 추세가 지속적으로 확산된다면, 경제적 성과만을 중시하던 기존의 정책 패러다임이 변화하고, 국민의 행복을 실질적으로 증진하는 방향으로 정책이 진화할 가능성이 높아진다. 결국, 니레이와 그의 동료들이 '인생게임'에서 꿈

꿨던 이상적인 사회, 즉 개인의 행복과 삶의 의미를 중심으로 한 아이디어와 소망이 언젠가는 실현될지도 모르겠다.

지속 가능한 행복을 연구해온 류보머스키는 "누구라도 행복해질 수 있는 잠재력이 있으며, 그 방법은 각자 다르다"라고 주장했다. 자, 여러분이 인생게임을 만든다면 어떤 내용을 담고 싶은가? 그리고 무엇을 최종 목표로 할 것인가?

내가 진정으로 하고 싶은 일은

단순한 회사 경영이 아니라,

세상을 더 좋은 방향으로 변화시키는 것이다.

─마크 저커버그(페이스북 설립자/메타 플랫폼스CEO)

진정한 성공이란
무엇일까

이제까지 행복의 핵심은 성공이라고 여겼다. 성공이라고 하면 암묵적으로 경제적 성공이나 사회적 성공을 가리켰다. 이런 심리를 반영하기라도 하듯 사전에서는 성공을 이렇게 설명한다.

   1. 계획이 순조롭게 진행되거나 목적을 달성하는 일

   2. 상당한 지위나 재산을 얻는 일

   3. 공적을 쌓는 일

* 출처: 다이지린大辞林 제3판

영어 succeed(성공하다)의 어원은 suc(아래로)과 ceed(오다)가 결합한 형태로, '재산이나 지위, 명예를 이어받는 위치에 왔다'라는 의미를 내포한다. 결국 성공이란 뭔가를 달성하고 재산과 사회적 지위, 명예를 얻는 것을 뜻한다.

그러나 성공한다고 해서 행복해진다고 단정할 수는 없다. 커리어 카운슬링 분야에서 크게 존경받고 있는 서니 샌들 핸슨Sunny Sundal Hansen은 자신의 저서《통합적 인생 설계Integrative Life Planning》에서 비즈니스 저널리스트인 에이미 살츠먼Amy Saltzman의 말을 다음과 같이 인용했다.

"사람들은 성공하면 할수록 많은 대출금을 갚는다. 높은 사무실 임대료를 감당하기 위해 점점 더 큰돈을 필요로 한다. 성공이 우리에게 더 많은 일을 가져다주고 그로 인해 자신이 진짜 하고 싶은 일을 할 수 있는 시간이 점차 줄어들면, 성공의 이점이 무엇인지 알기 어려워진다."

핸슨은 또 영국의 영화감독 스티븐 폴리아코프Stephen Poliakoff의 말을 빌려 성공에는 두 종류가 있다고 설명한다. 하나는 '돈을 버는 것'으로 얻는 성공이며, 다른 하나는 '마음에 만족감을 주는 일을 하는 것'으로 얻는 성공이다. 스스로 원하는 일을 했고, 그로 인해 만족감을 얻은 성공은 경제적 성공이나 사회적 성공과는 다른 축에 있는 심리적 성공이라고 할 수 있다.

앞에서 소개한 인생게임의 캐치프레이즈는 '억만장자를 노려라'로, 2014년 4월에 발매된 인생게임 '다이내믹 드림Dynamic Dream' 역시 목표는 억만장자였다. 이처럼 경제적 성공은 여전히 가장 대표적인 성공의 유형으로 인식되고 있다. 사람들은 부를 축적하는 것이 곧 인생의 목표이자 성취의 척도라고 여기며, 사회 또한 이러한 가치관을 반영하여 성공의 기준을 재산, 수입, 사회적 지위와 연결 짓는다. 이러한 흐름 속에서 진정한 성공이란 무엇일까? 과연 부와 명예만이 성공의 전부일까? 경제적 풍요가 반드시 행복을 보장하는 것은 아닐 수도 있다.

한편으로 성공의 의미가 바뀌고 있는 징조도 보인다. 하버드대학교 재학 중에 페이스북을 개발한 마크 저커버그Mark Zuckerberg는 "내가 하고 싶은 일은 회사 경영이 아니라 세상을 더 좋은 방향으로 변화시키는 것이다"라고 말했다. 그는 '사명을 실현하는 삶을 살겠다'라는 생각으로, 그 외의 생활은 더없이 간소하게 살고 싶다고 말한 바 있다.

그래서 일하는 시간 외에는 대부분 가족, 반려견과 함께 지낸다. 집안에 가구도 많이 늘리지 않는 매우 소박한 생활을 하고 있다고 한다.

또한 세계에서 가장 저명한 대부호이자 총자산이 약 1,600억 달러에 달하는 것으로 알려진 마이크로소프트사의 창업자 빌 게이츠Bill Gates는 일과 막대한 재산 중 어느 쪽을 택할 것인지에 대한 질문에, 일을 택하겠다고 답했다. 그리고 "은행 계좌에 있는 거액의 재산보다 수천 명의 재능 있는 사람들을 이끄는 일이 훨씬 더 짜릿하다"라고 덧붙였다.

저커버그 역시 "보통의 회사와는 달리 우리는 돈을 벌기 위해 서비스를 창출하는 것이 아니라 좋은 서비스를 제공하기 위해서 돈을 벌고 있다"라고 말한다. 사회적 성공이나 경제적 성공은 일의 부산물이며 다음 목적을 달성하기 위한 수단에 지나지 않는다는 뜻이다.

그들은 이미 행복이 단순한 물질적 성취보다 더 중요하다는 사실을 깊이 이해하고 있었으며, 자신이 진정으로 만족하는 일을 통해 심리적 성취를 쌓아가고 있었다. 이는 단순히 높은 연봉이나 사회적 지위를 넘어서, 자신의 내면이 만족하는 일, 삶의 의미를 찾는 경험이야말로 진정한 성공으로 이어진다는 것을 보여준다.

그렇다면, 당신의 마음에 깊은 만족감을 주는 일은 무엇인가? 단순한 의무나 생계를 위한 일이 아니라, 진정으로 가치 있다고 느끼고, 기쁨을 느끼며, 지속적으로 하고 싶은 일은 무엇인가?

행복은 성공의 결과가 아니라

원인이다.

—숀 아처(前 하버드대학교 강사)

행복은
성공의 원인이다

행복이 경제적 성공이나 사회적 성공보다 심리적 성공으로 얻는 것이라고 해도 우리는 돈 없이 살아갈 수 없다. '수입이 적으면 행복할 수 없지 않을까?' 하는 의문이 생길 수 있다.

돈과 행복의 관계에 대해서는 뒤에서도 상세하게 다루겠지만, 결론적으로 최소한의 생활을 영위할 수 있는 돈은 필요하다. 경제적 여유가 주는 안정감과 선택의 자유는 삶의 질을 높이는 데 분명한 역할을 한다. 그러나 그 이상의 돈이 없다고 해서 행복이 줄어드는 것은 아니다. 경제적 안정은 행복의 중요한 요소이지만, 일정 수준을 넘어서면 더 많은 부가 반드시 더 큰 행복으로 이어지는 것은 아니다.

행복과학을 연구하는 학자들의 연구 결과에 따르면 돈만 추구하다 보면 반드시 막다른 길에 몰리게 된다. 결과적으로 행복에 빨리 도달하는 길을 찾는 데 방해가 된다. 무엇보다 중요한 것은 '행복은 성공의 원인'이라는 사실이다. 탈 벤 샤하르는 "행복하게 사는 것은 더 크게 성공하기 위한 수단이기도 하다"라며 행복과 성공의 순환 모델을 제시했다.

행복과 성공의 순환 모델

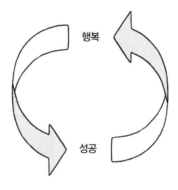

출처: 《해피어》 copyright © 2007 탈 벤 샤하르

행복과 성공의 순환 모델은 성공과 행복이 양자택일의 문제가 아니라는 사실을 보여준다. 그와 동시에 행복은 반드시 성공을 불러오므로 행복을 먼저 추구하라는 인생 전략을 제안한다.

이 순환 모델은 벤 샤하르가 에드 디너, 로라 킹과 함께한 메타분석meta - analysis을 토대로 작성했다. 메타분석이란 동일하거나 유사한 주제로 실시된 여러 개별 연구의 결과물을 종합적으로 분석하고 고찰하는 연구 방법을 뜻한다. 단일 연구에서 발생하는 한계를 보완하고, 다양한 연구 결과를 비교하고 통합하여 거시적이고 객관적인 결론을 도출하는 데 목적이 있다.

이 연구를 통해 행복이 성공을 이끄는 핵심 요소라는 사실이 밝혀졌다. 일, 건강, 우정, 사회성, 창조성, 활력 등 삶의 다양한 영역에서 행복한 사람들은 더 높은 성취를 이루는 경향을 보였다. 그동안 우리는 성공을 해야만 행복이 따라온다고 여겨왔다. 하지만 행복한 사람이 생산적이고, 창의적이며 긍정적인 태도를 지닌 덕분에 결국 더 큰 성공을 이루게 된다. 행복이 성공을 이끌고, 그 성공이 다시 행복을 강화하는 행복과 성공의 순환 모델이 완성되는 것이다.

"행복은 성공의 결과가 아니라 원인이다"라고 단언한 이가 또 있다. 벤 샤하르의 보조 강사였던 숀 아처Shawn Achor다. 아처는 하버드대학교에서 12년간 '긍정심리학: 행복과학' 강의를 진행했으며, 하버드대학교 내에서도 가장 인기 있는 강의 중 하나로 자리 잡았다.

그의 연구는 행복이 개인의 성취와 성공을 결정짓는 중요한 요소임을 증명하는 데 초점을 맞추고 있다. 그의 강의는 미국의 우수한 강의를 모아 만든《원데이 대학 과정 시리즈One Day University Course Series》에도 수록되었다. 아처는 행복이 단순한 감정 상태가 아니라, 우리의 두뇌와 행동 방식, 그리고 궁극적으로 인생의 성취까지도 결정짓는 강력한 요소임을 강조한다.

그는 행복한 삶을 위한 긍정 심리 자문회사인 굿싱크GoodThink라는 기업을 세우고 현재 컨설턴트로 활동하고 있다. 5대륙에 걸친 약 50개국의 기업에서 '생산성을 15% 이상, 고객만족도를 42% 높이는 방법'에 대한 강연과 컨설팅을 하며, 행복은 성공보다 선행되어야 한다는 사실을 전파하고 있다.

일본에서도 직원의 행복을 추구하여 실적을 올리는 기업이 늘어나고 있다. 그중에서도 이러한 경영 철학을 선도한 대표적인 기업이 바로 '간텐파파Kanten Papa'라는 브랜드명으로 잘 알려진 이나식품공업伊那食品工業이다. 이나식품공업은 한천을 활용한 젤리 및 건강식품을 생산하는 기업으로 단순한 이익 추구를 넘어 직원들이 행복하게 일할 수 있는 환경을 조성하는 것을 최우선 과제로 삼아왔다.

이 회사의 경영 이념은 '좋은 회사를 만듭시다'이다. 회장을 거쳐 최고 고문을 맡고 있는 쓰카코시 히로시塚越寬는 1995년 과학기술청장관상 수상을 시작으로, 경영자이자 기술공로자로서 많은 상을 받았다. 쓰카코시 회장이 집필한 도서의 제목 역시 《좋은 회사를 만듭시다いい会社をつくりましょう》이다.

이나식품공업의 기업 목적은 '행복 증대'에 있다. '본디 기업은 회사를 구성하는 사람들의 행복 증대를 위해서 존재해야 한다'라는 철학을 기업의 핵심 가치로 삼고 있으며, 이를 공식 홈페이지에도 명시하고 있다.

이 회사는 '직원이 정신적·물질적으로 한층 더 행복한 회사'를 만드는 것을 목표로 삼고 있다. 이를 위해 근무 환경을 지속적으로 정비하고, 안정적인 고용을 유지하며, 적절한 납세를 실천하는 것은 물론, 기업이 사회적 책임을 다하는 방식 중 하나인 메세나Mecenat(기업이 문화·예술 활동에 자금이나 시설을 지원하는 일) 활동을 적극적으로 펼쳐왔다. 이를 통해 기업이 사회 전체에 기여하는 존재가 되어야 한다는 철학을 실천하고 있다.

이나식품공업의 이러한 경영 이념이 널리 알려지기 시작한 계기는 2006년, 중소기업연구센터가 주관한 제40회 '굿컴퍼니대상' 수상이었다. 이 회사는 창업 이래 48년 연속 흑자를 기록하며, 지속 가능하고 안정적인 경영을 실현한 기업으로 높이 평가받았다.

그런데 같은 해 이 회사는 처음으로 수익이 감소했다. 그 이유에 대해 쓰카코시 회장은 "사업을 급격히 증대하면 안 된다는 사실을 항상 명심하고 있었음에도 2005년 '한천 붐'에 휩쓸리고 말았다"라고 회고했다. 당시 TV에서 한천이 건강에 좋다고 소개되자 한천 수요가 급증했고, 이나식품공업은 밤낮으로 공장을 가동하여 생산했지만, 열기가 꺼지자 시장은 얼어붙었다.

쓰카코시 회장은 "급격한 증대의 반동으로 회사를 축소

하면 사원들을 불행하게 만들 우려가 있다"라며, "규모의 증대를 추구하는 아베노믹스는 위험하다"라고 경고했다. 회사가 커진다고 해서 사람들이 행복을 느낀다고 단정할 수는 없기 때문이다.

　오늘날 국가와 기업은 '행복'을 경제적 성장의 핵심 가치로 인식하고 있으며, 이를 바탕으로 새로운 변화의 흐름을 만들어가고 있다. 이러한 변화 속에서 삶의 질을 중시하는 정책과 기업 문화가 확산되면서, 사회 전반에 걸쳐 '지속 가능한 행복'에 대한 관심이 높아지고 있다. 이러한 변화 속에서 개인 또한 삶의 방식과 일하는 방식을 혁신하며, 보다 지속 가능한 사회 발전에 기여해야 할 필요성이 커지고 있다. 단순히 경제적 성공을 좇는 것이 아니라, 진정한 성공과 진정한 행복이 무엇인지 질문하고, 기업, 사회, 개인의 방향을 명확히 설정하는 것이 더욱 중요해지고 있다.

　이러한 사회적 변화는 개인에게도 중요한 질문을 던진다. 나는 지금 어떤 삶을 살고 있는가? 내가 추구하는 진정한 행복은 무엇인가? 지속 가능한 행복은 사회 전체의 노력뿐 아니라, 개인 한 사람 한 사람의 삶의 태도와 선택에서 비롯되기 때문이다. 사회와 기업이 변화하는 만큼, 개인 또한 자신의 가치와 방향성을 재정립할 필요가 있다.

'성공의 함정'에 빠지지 않도록 경계하며, 자신에게 진정한 성공과 행복이 무엇인지 깊이 고민하고, 그것을 향해 나아가는 것이 중요하다. 행복한 사람은 자연스럽게 생산성이 높다. 내면의 만족과 긍정적인 마음가짐은 창의력과 몰입도를 높이며 이는 곧 더 나은 성과로 이어진다. 높은 생산성은 조직과 사회에서의 인정으로 연결되고, 지위와 급여의 상승을 가져와 결국 더욱 풍요로운 삶을 가능하게 한다.

이 과정에서 중요한 것은 성공이 행복을 보장하는 것이 아니라, 행복이 성공을 이끈다는 사실이다. 많은 사람들이 성공을 먼저 추구하면 행복이 따라올 것이라 믿지만, 실상은 그 반대다. 자신의 삶에 만족하고 즐거움을 느끼는 사람이 더 나은 결과를 만들어내며, 장기적으로는 더 큰 성취를 이루게 된다.

또한, 마음의 풍요와 금전적·물질적 풍요는 반드시 양자택일해야 하는 선택지가 아니다. 이 두 가지 요소는 서로 대립하는 것이 아니라 상호 보완적인 관계이며, 균형 있게 조화시킬 때 더욱 건강하고 지속 가능한 행복을 누릴 수 있다. 진정한 행복은 물질적 풍요만으로도, 정신적 충만함만으로도 완성되지 않는다. 삶의 방향을 설정할 때, 경제적 안정과 내면의 만족이 조화를 이루도록 고민하는 것이 중요하다.

행복한 사람은 오래 살고
생산적이며 더 많은 수입을 올린다.

— 조지 E. 베일런트(하버드대학교 의학대학원 교수)

행복할수록
더 많은 것을 이룬다

하버드대학교 의학대학원 교수 조지 E. 베일런트_{George E.} Vaillant는 하버드대학교의 그랜트 스터디_{Grant Study}를 통해 '행복한 사람은 오래 살고 생산적이며 더 많은 수입을 올린다'라는 사실을 알아냈다고 보고했다. 그랜트 스터디는 하버드 의학대학원 연구팀이 1938년에 시작한 프로젝트로, 연구 시작 후 80년이 넘은 현재까지 진행되는 성인 발달 연구이다. 이 프로젝트는 하버드대학교 학생 268명을 대상으로 진행하며, 그들의 일생을 추적 조사하여 행복의 본질과 비결을 연구하고 있다. 당시 연구 대상에는 존 F. 케네디_{John F. Kennedy} 전 미국 대통령도 포함되었다.

《행복의 특권The Happiness Advantage》에서 숀 아처는 행복이란 '즐거운 기분' 이상을 의미하고 '성공의 필수 요소'라고 말한다. 그는 다양한 조사 결과를 근거로 행복이 긍정적인 성과로 이어진다는 점을 강조했다.

예를 들어 환자를 진료하기 전에 긍정적 감정을 느낀 의사는 일반적인 경우보다 19%나 더 빠르게 정확한 진단을 내리고, 낙관적인 영업 사원은 부정적인 태도를 지닌 영업 사원보다 56%나 더 높은 실적을 기록한다고 한다. 또한 시험 전에 행복감을 느낀 학생은 다른 학생들보다 수학 성적이 훨씬 더 높게 나타났다.

아처는 2008년 리먼 사태 직후 어려움에 빠진 금융기관에 근무하는 직원들에게도 카운슬링을 진행했다. 그의 상담 덕분에 관리자의 스트레스가 줄어들었고, 이는 생산성 향상으로 이어졌다. 더욱이 그 효과는 상담이 끝난 후 4개월이 지나서도 지속되었다.

성격이 밝은 학생이 장래 연봉이 더 높다는 데이터도 있다. 에드 디너 등이 미국의 상위 25개 대학 신입생 1만 3,000명을 대상으로 한 조사에서, 대학교 1학년 때 자신의 성격이 밝다고 답한 학생은 어둡다고 답한 학생보다 19

년 후(평균 연령 37세) 더 높은 연봉을 받는다는 사실이 밝혀졌다.

평균적으로 성격이 매우 밝다고(5점 만점에 5점) 답한 학생들은 약 6만 2,700달러의 연봉을 받았으며, 매우 어둡다고(5점 만점에 1점) 답한 학생들은 약 5만 4,000달러의 연봉을 받았다. 이 결과에 대해 시카고대학교 교수이면서 행복 연구 권위자인 오이시 시게히로는 추적 조사를 더 해보면 '연봉 차이는 더 심해질 것'이라고 예측했다. 소냐 류보머스키 역시 자신의 동료 중 행복한 사람이 "더 좋은 리더이자 파트너로 인정받아 더 많은 돈을 벌고 있다"라고 말했다.

또한 행복은 생산성이나 수입만이 아니라 건강에도 중요한 영향을 미친다. 디너 등이 수녀를 대상으로 진행한 연구에서, 행복과 수명 간의 상관관계를 분석한 결과가 이를 뒷받침한다. 연구에 따르면, 수녀가 될 당시(평균 22세)에 작성한 자서전에서 긍정적인 단어를 더 많이 사용한 수녀는 그렇지 않은 수녀보다 더 오래 산 것으로 나타났다.

이처럼 류보머스키는 행복한 사람의 특징으로 다음과 같은 점을 강조했다.

1. 위기에 직면해도 더 빨리 극복한다.

2. 면역 체계가 더 강하고 건강하다.

3. 더 오래 산다.

돈과 건강은 삶의 중요한 인프라다. 그리고 행복한 감정은 그 인프라를 지탱하고 강화하는 메타 인프라라고 할 수 있다. 메타 인프라란 단순한 기반을 넘어 기존 인프라의 지속성과 효율성을 높이는 상위 개념의 구조를 말하는데, 행복한 감정은 단순한 삶의 기쁨이 아니라 삶의 기본적인 요소인 돈과 건강을 더 효과적으로 활용하고 유지하도록 돕는 근본적인 힘이다. 행복한 사람일수록 스트레스를 더 잘 관리하고, 건강한 생활습관을 유지하며, 생산성과 대인관계를 향상시켜 경제적 안정에도 긍정적인 영향을 미친다.

하지만 행복감이 항상 원하는 성공을 약속해주지는 않는다. 앞서 언급한 탈 벤 샤하르의 햄버거 모델을 다시 떠올려보자. 그중 '쾌락주의 형'은 정크푸드 햄버거처럼 즉각적인 즐거움(현재의 이익)은 주지만, 장기적으로는 해로운 결과(미래의 손실)를 초래할 수 있는 모델이다. 행복한 기분만 좇다 보면, 결국 의미 없는 삶을 마주할 위험이 있다.

반면 이상적인 햄버거 모델인 '행복주의 형'은 현재의 즐거움(현재의 이익)과 함께 심리적 성공에서 오는 삶의 의미(미래의 이익)를 모두 충족시키는 균형 잡힌 모델이다. 따라서 우리가 해야 할 일은 두 가지이다.

첫째, 매일 소소한 즐거움을 찾는 것
둘째, 심리적 성공을 통해 의미 있는 삶을 만들어가는 것

행복의 순간은 기쁨의 감정과 더불어 현재와 미래를 조화롭게 설계하는 과정에서 비로소 완성된다. 이제부터는 매일 즐거움을 느끼는 것과 의미 있는 인생을 만들어가는 것, 이 두 가지를 실현하기 위한 실천적인 행복의 기술을 소개할 예정이다.

다음 장에서는 현명한 소비 습관을 만들어 행복을 극대화하는 '소비의 기술'에 대해 다룬다. 과학적 데이터를 살펴보면, 행복한 사람들은 돈을 대하는 태도와 사용하는 방식에 일정한 특징을 보인다. 그렇다면 불안감 없이 생활하

고, 새로운 삶에 도전하기 위해서는 얼마나 많은 돈이 필요
할까. 행복과학 지식을 기반으로, 돈을 보다 효과적으로 활
용하는 실천 방법을 제안하고자 한다.

목적 없는 삶은

빈껍데기일 뿐이다.

— 클레이튼 M. 크리스텐슨(前 하버드대학교 경영대학원 교수)

2장

현명한
소비가
삶의 만족도를
높인다

최근 수십 년간 지속된 경제 성장이
우리를 행복하게 해줬다고 보기는 힘들다.

— 데릭 보크(前 하버드대학교 총장)

'부의 쳇바퀴'를 경계하라

마이클 잭슨, 휘트니 휴스턴, 히스 레저는 왜 약물에 빠졌을까? 로빈 윌리엄스는 왜 스스로 생을 마감했을까? 그 정확한 이유는 아무도 알 수 없다. 그러나 한 가지 분명한 사실은 있다.

앞서 살펴보았듯, 경제적 성공이나 사회적 명성이 반드시 행복을 보장하지는 않는다는 점이다. 우리가 흔히 부와 명예를 행복의 조건이라고 생각하지만, 그것만으로는 내면의 공허함을 채울 수 없으며, 진정한 만족과 삶의 의미는 다른 곳에서 찾아야 한다.

탈 벤 샤하르는 큰 성공을 거둔 사람들이 심각한 우울증에 빠지거나 술이나 마약에 중독되는 사례는 헤아릴 수 없이 많다고 말한다. 그들은 행복을 꿈꾸며 성공에 매달렸지만 "역설적이게도 성공이 그들을 불행하게 만들었다"라고 덧붙이며, "가치는 돈 자체에 있는 것이 아니라, 돈이 제공하는 긍정적인 경험에 있다. 물질적인 풍요만으로는 행복해질 수 없다"라고 단언한다.

그럼에도 불구하고, 우리는 왜 소득이 늘어나면 행복해질 것이라고 착각할까? 이에 대해 벤 샤하르는 두 가지 가설을 제시한다. 첫 번째 가설은 수렵·채집 시대의 생존 본능이 현대에도 남아 있기 때문이라는 설이다. 과거에는 가뭄이나 혹독한 겨울을 대비해 식량을 축적하는 것이 필수적이었으며, 이 생존 전략이 현대에도 무의식적으로 작용하고 있을 수 있다. 오늘날 우리는 더 이상 극단적인 생존의 위협을 느끼지는 않지만, 언제 닥칠지 모르는 불안에 대비하기 위해 재산을 축적하려는 습관이 여전히 남아 있을 가능성이 있다고 벤 샤하르는 분석했다.

두 번째 가설은, 물질적 가치가 심리적 가치보다 측정하기 쉽기 때문이라는 주장이다. 예를 들어 집의 가격은 수치로 정량화할 수 있지만, 그곳에서 쌓아온 추억과 경험은 숫자로 환산할 수 없다. 사람은 중요한 결정을 내릴 때 셀 수 없는 것보다 셀 수 있는 것에서 가치를 찾기 쉽다. 이러한 경향이 돈과 물질적 성취를 행복의 기준으로 삼게 만드는 원인이 될 수 있다는 것이다.

어떤 가설이 맞든 간에, 우리는 자신도 모르게 금전적 혹은 물질적 풍요에 더 쉽게 마음을 기울인다. 이러한 경향을 더욱 부추기듯, 일본에서는 다시 버블 경제가 도래할 가능성이 거론되고 있으며, 사람들의 관심을 돈과 물질로 돌리려는 움직임이 거세지고 있다. 예를 들어 주말마다 배포되는 신문 광고지에는 신축 주택과 아파트 분양 안내가 빠지지 않고 등장하며, 패스트푸드점과 패밀리레스토랑은 가격을 인상하고 고품질 상품을 출시하고 있다.

또한 마케팅 전문가들은 IT 사업 등 다양한 분야에서 연소득 2억 원 이상을 버는 신흥 부자들에게 큰 관심을 보이며, 고급 시장을 겨냥한 고액 상품 출시에 열을 올리고 있다.

그러나 "최근 수십 년간 지속된 경제 성장이 우리를 행복하게 해줬다고 보기는 힘들다"라고 경고하는 법학자가 있다. 1971년부터 1991년까지 하버드대학교의 총장을 지낸 데릭 보크Derek Bok이다. 그는 행복도 측정에 대한 연구 성과 중에서, '최근 50년간 미국 국민의 1인당 소득은 크게 증가 했지만, 평균 행복도는 그다지 변하지 않았다'라는 데이터에 특히 주목해야 한다고 했다.

반세기에 걸친 경제 성장을 관찰한 보크는 "미국인은 마치 쳇바퀴를 돌고 있는 것 같다. 소득이 늘어나도 풍요로운 생활 수준에 금세 익숙해져 더 큰 풍요를 누리기 위해 더 많은 돈을 필요로 한다"라고도 언급했다.

심리학과 경제학에는 '쾌락의 쳇바퀴Hedonic Treadmill'라는 용어가 있다. 이는 끊임없이 쾌락을 추구하는 상태를 다람쥐가 쳇바퀴를 도는 모습에 비유한 표현이다. 우리가 쾌락의 쳇바퀴를 끊임없이 돌게 되는 이유는 쾌락적응Hedonic Adaptation 때문이다. 쾌락적응이란 행복하거나 불행한 일이 있어도 시간이 지나면 익숙해지고, 결국 일상이 되어버리는 심리적 현상을 일컫는다. 이러한 쾌락적응 덕분에 사람은 혹독한 상황과 환경에 처해도 적응해서 살아남을 수 있다.

그러나 쾌락적응의 영향으로, 물질적으로 풍요로운 생활도 금세 익숙해지면 더 많은 돈과 더 큰 풍요를 끊임없이 좋게 되는 함정에 빠질 수 있다. 현재에 안주하지 않고 더 높은 목표를 향해 노력하는 것은 성장의 중요한 요소다. 하지만 더 많은 돈과 더 큰 물질적 풍요만을 추구하는 삶은, 결국 지속적인 행복을 보장하지 않는다. 진정한 행복은 외적인 성공이 아니라, 내면의 만족과 의미를 찾는 과정에서 비롯된다. 물질적 풍요는 행복을 위한 하나의 요소일 뿐, 그것만으로는 결코 충분하지 않다.

하버드대학교에서 박사 학위를 받은 뒤, 하버드대학교에서 10여 년간 '미국 대통령의 통치'를 가르친 도리스 컨스 굿윈Doris Kearns Goodwin은 그의 저서 《평범하지 않은 시간No Ordinary Time》를 보면, '1940년대에는 전체 가구의 약 3분의 1 정도가 수도, 실내 화장실, 샤워 시설이 없었다. 당시 25세 이상 성인들 중 중학교를 졸업한 사람의 비율은 약 40%, 고등학교의 경우는 25%였으며, 대학교를 졸업한 사람은 고작 5%에 지나지 않았다'라는 데이터가 나온다.

1940년대와 현재 미국인의 삶의 만족도를 계산하면 현재는 10점 만점 중 평균 7.2점이며, 1940년대는 7.5점이라고 한다. 오늘날 미국인의 연소득은 당시의 두 배 이상으로 늘어났으며, 수도, 욕실, 중앙난방 시설, 전자레인지, 식기세척기, 텔레비전, 개인용 컴퓨터까지 갖추고 있지만 만족도는 오히려 떨어진 셈이다.

소냐 류보머스키는 "물질적 풍요에 대한 염원이 강해서 부의 축적이 제1의 목표라고 밝힌 학생들은 20년 후 삶의 만족도가 떨어지고, 정신질환으로 고통받는 경우가 많았다"라는 연구 결과를 발표하며, 물질주의를 우선시하면 '인생에는 더 많은 의미와 즐거움이 넘친다'라는 사실을 간과하게 되어 행복해지기 힘들다고 설명했다.

경제적·물질적 풍요를 추구하는 것이 잘못된 일은 아니다. 몸과 마음이 안전하고 안심할 수 있는 삶, 그리고 꿈꾸던 호화로운 생활을 영위하기 위해서 돈은 반드시 필요한 요소다. 하지만 물질을 최우선 가치로 삼는다고 해서 반드시 행복해지는 것은 아니다. 물질적 풍요를 누리면서도 그것에 휘둘리지 않으려면, 자신이 '부의 쳇바퀴'를 돌고 있는지 먼저 살펴볼 필요가 있다. 만약 끝없는 소비와 욕망의 쳇바퀴에 갇혀 있다면, 과감히 멈추고 내려올 용기가 필요하다. 그리고 스스로에게 물어야 한다.

"내가 진정 원하는 삶은 무엇인가?"

"즐거움과 의미가 넘치는 삶이란 어떤 모습인가?"

행복은 단순히 더 많은 부를 쌓는 것이 아니라, 스스로 만족할 수 있는 삶의 기준을 찾는 것에서 시작된다.

우리는 자신을 행복하게 하는 요소가
무엇인지에 대해 의외로 쉽게 착각한다.

— 데릭 보크(前 하버드대학교 총장)

행복을
저당 잡히지 마라

나는 경력 개발을 돕는 일을 하면서 불안정한 생활, 이직, 퇴직, 결혼, 이혼 등 결정적인 순간에 망설이는 사람을 많이 만나왔다. 변화는 두려움을 동반하며, 그 두려움의 큰 부분을 차지하는 것이 바로 돈에 대한 걱정이다. 돈이나 물질을 최우선 가치로 두지 않더라도 삶의 크고 작은 결정에서 돈의 문제를 완전히 배제하기는 어렵다. 그렇다면 돈은 과연 행복에 얼마나 큰 영향을 미칠까?

현재 돈과 행복의 상관관계에 관한 연구 중 가장 널리 알려진 것은 노벨경제학상을 수상한 대니얼 카너먼의 연구이다. 2010년, 카너먼 연구팀은 연봉이 7만 5,000달러를 넘으면 행복감이 더 이상 유의미하게 증가하지 않는다고 발표했다. 기본적인 경제적 필요가 충족된 이후에는 추가적인 소득이 삶의 만족도를 완전히 높이는 역할을 하지 않는다는 것이다. 즉 연봉을 1억 원 받는 사람과 10억 원 받는 사람과의 행복감에는 큰 차이가 없다는 뜻이다. 물론 소득과 행복의 상관관계에서 포화점이 없다는 주장도 있다.

소득이 오를수록 행복도가 더 높게 나타난다는 연구도 있다. 국가 단위로 보면 1인당 국내총생산과 행복도에는 어느 정도 상관관계가 있어 국내총생산이 높은 국가가 낮은 국가보다 행복도가 더 높다는 연구 결과도 나와 있다. 하지만 모든 상황이 이 연구 결과에 들어맞는 것은 아니다. 브라질의 국내총생산은 일본의 절반 정도이지만, 삶의 만족도는 일본보다 높다. 덴마크와 핀란드 역시 국민총생산 순위보다 행복지수의 순위가 높다. 이에 대해 소냐 류보머스키에 따르면, 행복도가 높은 국가일수록 전반적으로 자유롭고 평등하며, 정치 불안, 부정부패의 만연, 뇌물 수수 등이 더 적다고 분석하고 있다.

이처럼 돈과 행복의 관계는 매우 복잡하지만 여러 연구 결과를 간추려보면, 돈과 행복의 상관계수는 10%에서

20% 정도로 아주 낮으며 연봉이 높은 사람은 낮은 사람보다 '약간 더 행복하다'라는 결론을 얻을 수 있다. 기본적인 생활이 보장되지 않은 상태에서는 경제적 여유가 행복에 큰 영향을 미칠 수 있지만, 어느 정도 이상 수입을 얻게 되면 돈이 행복을 결정짓는 주요 요인이 되지 않는다는 것이다.

카너먼의 연구에 따르면, 수입이 평균 이상인 사람은 평균 이하의 사람보다 삶의 만족도가 더 높다고 느낀다. 하지만 그들은 동시에 더 많은 스트레스를 받고 있으며, 여가 시간에 재미 위주의 활동에 시간을 쓰지 않는다고 했다. 이는 높은 소득을 유지하기 위해 많은 시간을 일에 투자해야 하고, 그 과정에서 정신적·육체적 피로가 누적되기 때문일 가능성이 크다.

류보머스키는 "부유한 사람일수록 건강하고 쾌적한 생활을 하며 위기에 직면했을 때 더 쉽게 도움을 받을 수 있으므로, 돈과 행복의 상관관계는 결코 약하지 않다"라고 하면서도 그 관련성은 특정 종류의 행복에만 제한된다고 말한다.

부유한 사람들은 일반적으로 경제적 여유를 바탕으로 더 높은 수준의 생활을 누릴 수 있다. 예를 들어 장거리 여행을 할 때 일등석을 이용하고, 최고 수준의 의료 시설에서 진료를 받을 수 있으며, 원하는 서비스를 손쉽게 누릴 수 있다. 그러나 이러한 것이 행복으로 직결되는 것은 아니다. 높은 경제적 지위를 유지하기 위해 많은 시간을 업무에 투자해야 하며, 그로 인해 여유 시간이 부족해지는 경우가 많다. 이는 결국 시간적 제약으로 이어져, 가족이나 친구와 보내는 시간이 줄어들고 개인적인 취미나 여가 활동을 즐기기 어려워질 수 있다.

뿐만 아니라 부유한 사람들은 재정적인 여유를 누리는 대신에 받는 스트레스에도 자유롭지 않다. 높은 지위에 오르면 그만큼 책임도 커지고, 예상치 못한 위기 상황에 휘말릴 가능성이 증가한다. 투자에 대한 불안감을 느낄 수 있고, 금융 시장의 변동성이 커질 때마다 변화에 신경 써야 한다. 또는 과잉보호 속에서 자란 자녀들은 독립적으로 문제를 해결하는 능력이 부족할 수 있으며, 경제적으로 모든 것을 해결해주는 과정에서 현실 감각을 잃고 무책임한 태도를 보이거나, 심리적인 방황을 겪을 수도 있다. 이런 큰 걱정과 부담 때문에 스트레스에 시달릴 가능성이 있다.

이와 관련해 행동주의 경제학자 조지 르웬스타인George Loewenstein은 흥미로운 연구 결과를 발표했다. 그의 연구에 따르면 '소득 증가로 인한 이점 중 3분의 2는 1년 내에 사라진다'라고 한다. 즉 급여가 오르거나 더 큰 부를 얻게 되면 처음에는 기쁨과 만족감을 느끼지만, 시간이 지나면 점차 그 감정이 희미해진다.

류보머스키 역시 "부는 우리에게 최고의 경험을 제공하지만, 소소한 즐거움을 음미하는 능력을 빼앗아간다"라는 결론을 내리기도 했다. 예를 들어 고급 식당에서 최고급 요리를 자주 접하다 보면 평범한 음식에서 느낄 수 있는 감동이 줄어들고, 값비싼 경험이 일상이 되면서 점점 더 강한 자극을 원하게 되는 경향이 나타날 수 있다.

긍정심리학의 창시자로 알려진 미하이 칙센트미하이의 연구팀은 흥미로운 실험을 진행했다. 연구진은 미국 중고생들에게 무작위로 알람이 울리도록 설정된 시계를 나누어주고, 알람이 울릴 때마다 자신의 현재 상황과 그 순간을 느낀 감정을 기록하게 했다. 언제, 어디서, 누구와, 무엇을 하고 있을 때, 어느 정도 행복한지를 측정하는 실험이었다.

그 결과, 노동자 계층의 아이들이 중상류층 아이들보다 알람이 울리는 순간순간 더 높은 행복감을 느낀다는 사실이 밝혀졌다. 연구진은 이러한 차이의 정확한 이유를 완전히 밝히지는 못했지만, 한 가지 가능성으로 경제적으로 풍요로운 환경에서 자란 아이들보다, 그렇지 않은 환경에서 자란 아이들이 소소한 즐거움을 더 잘 음미하는 능력을 가지고 있기 때문일 수 있다고 추측했다.

이러한 연구 결과는 우리가 쉽게 간과하는 행복의 본질을 다시 한번 상기시킨다. "우리는 자신을 행복하게 하는 요소가 무엇인지에 대해 의외로 쉽게 착각한다"라는 데릭 보크의 말은 사실이다. 경제적 풍요에 기대지 않더라도 사람은 행복해질 수 있다.

결국 중요한 것은 돈과 행복의 관계를 올바르게 이해하는 것이다. 단순히 맹목적으로 부를 축적하는 것이 아니라, 돈을 어떻게 활용할 것인지, 어떤 방식으로 삶을 즐길 것인지에 대한 태도가 더 중요하다. 물질적 풍요는 분명 삶의 질을 높이는 데 도움이 되지만, 그 자체가 행복의 보증 수표는 아니다. 오히려 돈을 의미 있게 사용하고, 스스로 만족할 수 있는 방식을 찾는 것이 더 큰 행복을 가져온다. 또한, 경제적 조건과 관계없이 일상의 작은 즐거움을 발견하고, 그것을 하나씩 모아가는 태도가 진정한 행복으로 이어질 수 있다.

　행복은 거창한 사건에서만 오는 것이 아니라, 소소한 순간들이 쌓여 만들어지는 것이기 때문이다. 마치 구슬을 꿰듯이 작은 기쁨을 하나씩 엮어나가며, 우리의 삶을 '행복의 목걸이'로 만들어가는 과정이야말로, 지속적인 만족과 기쁨을 얻는 가장 확실한 방법일 것이다.

가끔 느끼는 커다란 즐거움보다
자주 느끼는 소소한 즐거움을 음미해야 한다.

―소냐 류보머스키(하버드대학교 졸업 / 캘리포니아대학교 교수)

절약이 만드는
풍요로운 삶

소냐 류보머스키는 "경제적 위기가 행복에 미치는 영향은 의외로 적다"고 말한다. 그다지 많은 돈을 쓰지 않고도 최대의 행복을 이끌어내는 지혜로 '절약'을 제안한다.

류보머스키에 따르면, '절약thrift'은 '번영하다thrive'에서 파생된 단어로, 제한된 자원을 최적의 효율로 활용하는 것을 의미한다. 우리가 받는 월급은 한정되어 있지만, '적게 쓰면서 더 많이 즐긴다'라는 절약의 원칙을 따르면 충분히 행복해질 수 있다. 우리가 소비를 통해 얻는 만족감을 단순한 물질적 소비에만 의존하는 것이 아니라, 돈을 보다 현명하게 활용하여 경험과 의미 있는 활동을 극대화하는 방식으로 바꿀 때 더욱 만족스러운 삶을 누릴 수 있는 것이다.

게다가 절약은 자신의 올바른 인성을 부각시키고, 기분을 좋게 만들어줄 뿐만 아니라, 자산 관리 능력을 기르고 자제심을 발휘하는 데 도움이 된다. 즉 절약은 단순한 돈 관리 전략이 아니라, 자기 통제력을 기르고 성공에 이르는 중요한 습관이 된다. 그가 추천하는 절약의 방법은 다음과 같다.

- **소소한 기쁨을 음미하자**: 가끔 느끼는 커다란 즐거움보다 커피 한 잔, 산책, 좋은 대화처럼 일상 속에서 자주 느끼는 소소한 즐거움을 만끽한다.
- **소유보다 공유를 하자**: 책을 사는 대신 도서관을 이용하거나, 카풀이나 대중교통을 이용해 교통비를 아끼는 등 공유 경제를 활용하면 지출을 줄일 수 있다. 재활용하기와 빌려 쓰기를 통해 최대의 만족을 얻는다.
- **의미 있는 소비를 하자**: 단순한 충동구매보다는 정말 필요한 것과 그렇지 않은 것을 구별하자. 불필요한 상품이나 서비스에 돈을 낭비하지 않고 빚을 줄인다.
- **경험에 투자하자**: 물질적인 소비보다는 여행이나 배움

의 기회, 취미 활동 등 경험을 쌓는 데 돈을 쓰는 것이 더 큰 만족감을 준다.

이번 글에서는 앞에 나오는 두 가지 방법에 관해 설명하고, 나머지 방법은 각각 4장과 5장에서 다룰 예정이다.

첫 번째로, '소소한 기쁨을 음미하자'는 사소하지만 긍정적인 경험을 통해 만족감을 얻을 수 있다는 뜻이다. 그러기 위해서는 경험의 강도보다는 빈도를 늘리는 것이 중요하다. 하버드대학교 경영대학원 교수인 마이클 I. 노튼Michael I. Norton 역시 한 번의 화려한 파티에 참석하기보다는 늘 가는 레스토랑을 자주 이용하기를 권장한다. 주말 나들이나 자신을 위한 맛있는 커피 한 잔, 좋아하는 DVD 감상 등 소소한 즐거움을 일상적으로 느끼는 사람은 소득 수준에 상관없이 삶의 만족도가 높다는 영국의 연구 결과도 있다.

또한 결합된 경험보다 분리된 경험을 즐기는 방법도 있다. 노튼은 드라마를 한 번에 몰아서 보기보다는 매주 한 편씩 보기를 권한다. 경험에서 얻는 즐거움은 시간이 지날수록 감소하는데, 중간에 휴지기를 가지면 즐거움을 음미하는 능력이 다시 회복되기 때문이다.

두 번째로, '소유보다 공유하는' 방법에 대해 류보머스키는 돈을 낭비하지 않고도 다양성을 즐길 수 있다고 말한다. 인간은 다양성과 새로움을 지향하는 습성을 가지고 있다. 그래서 갑자기 새 물건을 사고 싶은 충동에 빠지기도 한다. 하지만 현재 가지고 있는 물건을 대하는 방식, 활용하는 방법을 바꿔보면, 새 물건을 사지 않고도 다양하고 새로운 경험을 즐길 수 있다. 류보머스키는 시인 앨런 긴즈버그Allen Ginsberg의 '양탄자를 두 배로 의식하면 양탄자를 두 배로 소유하는 셈이다'라는 말을 인용하며, 이미 소유하고 있는 물건에 감사하고 더 큰 관심을 기울이면 행복은 재활용될 수 있다고 말한다.

자신이 이미 가지고 있는 소유물을 새로운 방식으로 활용하는 것도 일종의 행복의 재활용이라 할 수 있다. 즉, 새로운 물건을 구매하지 않고도 기존의 자원을 창의적으로 활용함으로써, 불필요한 소비를 줄이고 경제적 부담을 경감할 수 있다. 예를 들어, 아파트나 자동차와 같은 고가의 자산은 단독 소유의 부담이 크지만, 이를 친구나 가족, 또는 커뮤니티와 공유하면 더 적은 비용으로 그 편리함을 유지할 수 있다. 이러한 공유경제 모델은 단순히 비용 절감 효과를 넘어, 자원의 효율적인 사용과 환경 보호에도 기여한다. 더 나아가 기존 자산을 재활용하는 과정에서 새로운 아이디어와 창의적인 활용법이 등장할 수 있으며, 이는 개인의 삶에 새로운 가치를 부여하게 된다. 결국 소유에 대한 부담을 줄이면서도 필요한 혜택을 누릴 수 있는 이러한 방식은 물질적 풍요와 정신적 만족을 동시에 추구하는 길이 될 것이다.

또한, 배움의 기회를 확장하는 것 역시 행복을 재활용하는 방법이 될 수 있다. 새로운 것을 배우는 과정은 단순한 지식 습득을 넘어, 삶의 만족도를 높이고 개인적인 성취감을 키우는 중요한 요소다. 예를 들어, 무료 앱을 활용해 수화나 새로운 언어를 배우거나, 온라인 강의를 통해 새로운 기술을 익히는 것은 큰 비용을 들이지 않고도 자기 계발과 만족감을 동시에 얻을 수 있는 효과적인 방법이다. 특히, 배움은 우리의 사고를 확장시키고, 더 나은 기회를 만들어주며, 삶을 더욱 풍요롭게 만들어준다. 새로운 지식을 쌓고 능력을 개발하는 것은 현재 가지고 있는 자원을 최대로 활용하면서도, 미래를 위한 투자로 이어질 수 있다.

집 안의 공간을 재구성하는 것도 또 다른 실천 방법이다.

베란다를 작은 정원으로 활용하는 계획을 세워도 좋다. 작은 채소나 꽃을 키우면 정서적인 안정과 성취감도 얻게 된다. 이미 가지고 있지만 잊고 있던 물건들을 다시 활용할 수 있다. 오랫동안 구석에 밀쳐 두었던 요가 매트를 꺼내 새로운 운동을 시작하거나, 책장에 꽂혀 있던 문학 전집을 다시 펼쳐 읽는 것만으로도 새로운 경험을 할 수 있다.

이처럼 행복은 단순히 새로운 것을 소비하는 데서만 오는 것이 아니다. 이미 가지고 있는 것들을 새로운 방식으로 활용하고, 작은 변화를 통해 삶에 신선한 자극을 주는 것이야말로 행복을 지속적으로 확장하는 효과적인 방법이 될 수 있다. 행복의 재활용을 실천함으로써 우리는 소유에 대한 욕망을 줄이면서도 더 풍요로운 삶을 살아갈 가능성을 열어갈 수 있다.

이 방법을 알게 된 나는 문득 어린 시절 골방에서 발견한 낡은 커튼을 방으로 끌고 와 바닥에 깔았던 기억이 떠올랐다. 작은 내 방이 동화 속에 나오는 집처럼 느껴져 무척 들떴었다. 아이들의 생각은 매우 창의적이어서 아주 쉽게 행복을 발견할 수 있다. 어른이 되어도 동심을 잃지 않고 조금만 깊이 생각하면 우리는 더 행복해질지도 모른다. 추억이 담긴 사진첩이나 비디오 영상을 보면서 당시의 좋았던 경험과 감정을 즐거운 마음으로 떠올리는 일 역시 행복을 재활용하는 방법 중 하나다.

또 빌려 쓰는 방법도 행복도를 높이는 데 도움이 된다. 하지만 이 방법은 모든 사람들이 좋아하는 것은 아니다. 많은 사람이 빌려 쓰는 것보다 소유하는 것이 더 행복하다고 믿기 때문이다. 하지만 물건을 소유함으로써 얻는 기쁨은 시간이 지날수록 줄어든다. 소유하면 재화를 소비함에 따라 얻는 만족도가 점점 줄어드는 '한계 효용 체감의 법칙'을 걱정해야 하지만, 빌려 쓰면 그럴 필요가 없다.

예를 들어 자신만의 별장을 소유하는 것이 꿈인 사람들이 많다. 그러나 별장을 소유한다고 해서 반드시 더 행복해지는 것은 아니다. 휴가 때 별장에서 머무는 대신 호텔을 이용하면 고액의 숙박료를 부담해야 하지만, 자신의 별장을 소유하는 것보다는 훨씬 적은 비용이 든다. 별장을 구입하면 세금, 유지 보수비, 관리비 등 지속적인 비용이 발생할 뿐만 아니라, 고장이나 수리와 같은 번거로운 문제를 직접 해결해야 하는 부담도 따른다. 반면 호텔을 이용하면 숙박할 때마다 다양한 지역과 시설을 경험할 수 있고, 관리의 번거로움 없이 편리하게 머물 수 있다.

덧붙여 '집을 소유하는 것과 임차하는 것 중 어느 쪽이 나은가'라는 문제에 대한 연구가 미국에서 진행된 바 있다. 연구진은 수입, 건강 상태, 주거 환경이 비슷한 두 집단(집을 보유한 사람과 임차한 사람)을 비교했다. 그 결과 집을 소유한 사람이 임차한 사람들보다 덜 행복했다. 그 이유는 집을 소유한 사람들은 집의 유지·보수, 세금 문제, 대출 상환 등 다양한 책임을 떠안아야 했다. 또한 투자 심리 때문에 언제 팔아야 할지, 리모델링이 필요한지 여부 등을 고민하느라 스트레스 지수도 높았다.

이러한 연구 결과가 시사하는 바는, 악착같이 돈을 벌거나 불안감을 안고 투자하면서 많은 재산을 소유하기보다는 돈을 쓰는 방법 자체를 고민하고 바꾸는 것이 행복을 증진한다는 사실이다.

2015년 4월, 정리 컨설턴트 곤도 마리에近藤麻理惠가 미국 주간지 〈타임Time〉이 선정하는 '세계에서 가장 영향력 있는 100인'에 뽑혔다. 그녀의 저서 《인생이 빛나는 정리의 마법》이 전 세계에서 베스트셀러가 된 이유 역시 어쩌면 사람들이 '금전적·물질적 요소만으로는 얻을 수 없는 즐거움과 행복이 있다'라는 사실을 깨닫기 시작해서일지도 모른다.

전략이란 무엇을 하지 않을지를
결정하는 것이다.

— 마이클 E. 포터 (하버드대학교 경영대학원 명예교수)

돈 걱정 없는 삶을
위한 첫걸음

"경제적 행복은 일상의 재정 상태를 효과적으로 관리하는 것에서 비롯한다." 이는 1950년대부터 웰빙Well-being 연구에 집중해 온 미국 갤럽연구소 소속의 톰 래스Tom Rath와 그의 동료들이 발표한 연구 결과다. 그들의 연구에 따르면, 경제적 행복도가 높은 사람은 단순히 돈이 많은 부자가 아니라 현실적인 재정 안정과 적절한 소비 습관을 갖춘 사람들이었다. 구체적으로 보면, 경제적으로 행복한 사람은 한두 가지 취미생활을 즐길 금전적 여유가 있고 공과금을 지불하는 데 걱정을 하지 않는 수준의 재정을 유지하는 이들이었다. 반대로 많은 자산을 보유하고 있음에도 불구하고 자신의 재산이 부족하다고 느껴, 끊임없이 더 많은 부를 갈 망하는 사람들은 경제적 행복도가 낮은 것으로 나타났다. 이는 행복이 단순히 자산의 크기에 의해 결정되는 것이 아니라, 자신의 경제적 상황을 어떻게 인식하고 관리하는지에 따라 달라질 수 있음을 나타낸다.

내가 은행권 종합연구소에서 경영 컨설턴트로 일할 당시 수십 억, 수백 억대의 자산가들이 자산 운용에 대한 고민을 털어놓는 경우가 많았다. 일반적으로 사람들은 부자라면 경제적 걱정이 없을 것이라 생각하지만, 실제로 그들의 고민을 가까이서 들여다보면 전혀 그렇지 않았다. 그들이 골머리를 앓는 모습을 볼 때마다 부러우면서도 동시에 갖지 못한 자로서의 안도감이 들기도 했다. 그들은 이미 상당한 부를 축적했음에도 불구하고, 더 많은 재산을 쌓고 싶다는 욕심을 부리는 동시에 재산을 잃을까 봐 걱정하고 있었다. 위험이 높은 만큼 수익이 높은 '하이 리스크 하이 리턴High Risk High Return' 방식의 자산 운용에는 끊임없이 스트레스가 따르기 마련이다.

굳이 이런 방식이 아니더라도 매일 주가나 환율 동향에 신경을 곤두세우며 살아간다면, 그것이 본업이 아닌 이상 마음이 편할 리 없다. 자산가들이 경제적 자유를 누리는 것처럼 보이지만, 실상 그 자유를 유지하기 위해 불안과 스트레스에서 자유롭지 못한 경우가 많을 것이다.

래스와 연구진들은 '하고 싶은 일이 생겼을 때 그 일을 하기에 충분한 돈을 가지고 있다면, 경제적 행복도가 3배 높아진다'라는 사실을 알아냈다. 또한 '소득 수준에 상관없이 돈에 대해 걱정하지 않고 생활'하면서 '위험성 높은 일을 하지 않으며 빚도 없이 오랫동안 착실하게 재정을 관리'하여 '최종적으로는 하고 싶은 일이 생겼을 때 할 수 있는 기반을 만들라'고 조언했다. 경제적 행복을 실현하려면 래스가 제안한 세 가지 습관을 알아야 한다.

1. 친구 또는 사랑하는 사람과 외출하거나 휴가를 떠나는 경험에 돈을 쓴다.
2. 자신의 물건을 사기 위해서만이 아니라 타인을 위해서도 돈을 쓴다.
3. 돈에 대한 일상적 걱정을 덜 수 있는 초기 설정을 한다.

첫 번째 습관과 두 번째 습관에 대해서는 각각 뒤에서 다시 다룰 예정이다. 이는 재정적 측면뿐 아니라 감정적 측면에서도 다뤄야 하기 때문이다.

세 번째 습관에서 말하는 '초기 설정'이란 월급날에 맞춰 신용카드 대금, 대출금 상환, 정기예금 등의 자동이체를 설정하는 것을 가리킨다. 래스는 재정적 걱정이 없는 사람들의 공통된 특징으로 "각종 초기 설정을 통해 스스로를 제어한다"는 점을 강조했다. 자동이체 시스템을 미리 설정해두면, 재정 관리를 의식적으로 고민할 필요 없이 저축과 필수 지출을 자동으로 실행할 수 있다는 것이다. 먼저 빠져나갈 돈을 설정해두면, 남은 돈으로 생활할 수밖에 없다. 매달 일정한 금액이 저축과 필수 지출로 우선 처리되므로 결과적으로 예산이 자동으로 제한되며, 과소비를 막을 수 있는 효과가 있다. 자연스럽게 저축 습관을 들일 수도 있어 장기적인 재정 안정성을 확보하는 데도 도움이 된다.

시카고대학교 교수 리처드 탈러Richard Thaler가 말한 대로 신용카드에는 원하는 것을 손에 넣는 기쁨과 대금 지불에 대한 고통을 분리하는 기능이 있다. 그래서 눈앞에 갖고 싶은 물건이 있으면, 그것을 손에 넣는 기쁨에 굴복하여 자신도 모르게 과소비하게 된다. 당장 지출의 부담을 느끼지 않기 때문에 충동적인 소비를 하게 되고, 결과적으로는 신용카드 대금이 예상보다 많아지는 경우가 생긴다. 간과하기 쉬우나 신용카드 대금은 명백한 빚이다. 카드 사용 시점에는 실제로 돈을 쓰는 것처럼 느껴지지 않지만, 결제일이 되면 그 비용을 반드시 감당해야 한다. 래스가 말하는 '빚 없는 쾌적함과 만족감'을 느끼기 위해서는 한도액을 낮게 설정하고 일부 이월 결제(리볼빙)는 하지 않는 등의 노력이 필요하다.

또 스트레스를 받으면 홧김에 쇼핑하는 사람은 특히 주의해야 한다. 래스 연구팀의 실험에서 슬픔을 느끼는 사람은 그렇지 않은 사람보다 동일 상품을 4배나 높은 가격에 산다고 답했다. 그는 기분이 안 좋을 때는 무의식 중에 돈을 낭비하게 되어 결국 후회한다고 경고했다.

우리는 자신도 모르게 '사회적 비교'를 한다. 사회적 비교란 자신의 부나 지위를 타인과 비교하는 것을 말한다. 어린아이들은 친구가 가진 장난감을 보고 갖고 싶어 하고, 어른들은 집의 크기, 자동차의 성능, 직업의 명성 등을 비교하며 자신의 위치를 평가한다.

이러한 비교는 때때로 동기 부여가 되기도 하지만, 지나치면 불필요한 경쟁심과 상대적 박탈감을 초래할 수 있다. 하버드대학교 공공보건대학원의 데이비드 헤먼웨이David Hemenway 연구팀은 사회적 비교가 인간의 경제적 선택에 어떤 영향을 미치는지 조사했다. 연구 결과 많은 사람이 실질적인 경제적 풍요보다 상대적 우월감을 더 중요하게 여긴다는 사실이 드러났다. 구체적으로 실험 참가자들에게 두 가지 시나리오 중 하나를 선택하도록 했다.

1. 평균 연봉 20만 달러인 지역에서 연봉 10만 달러를 받으며 사는 것
2. 평균 연봉 2만 5천 달러인 지역에서 연봉 5만 달러를 받으며 사는 것

이때 상당수의 사람들이 첫 번째 선택지(실질적 부가 높은 환경)보다, 두 번째 선택지(사회적 우월감을 느낄 수 있는 환경)을 택했다. 즉, 자신의 실질적 소득이 줄어드는 한이 있더라도, 상대적으로 우위에 있는 느낌을 더 중요하게 여긴다

는 것이다. 당신이라면 어떤 선택을 하겠는가?

　의미 있는 활동이 무엇인지는 사람마다 다를 수 있다. 어떤 이에게는 독서나 여행이 의미 있을 수 있고, 또 다른 이에게는 예술 창작이나 운동이 중요한 활동일 수 있다. 중요한 것은 각자 자신의 삶에서 의미 있다고 느끼는 활동을 찾아, 그 활동에 더 많은 돈과 시간을 투자하는 것이다.

　경영학의 세계 최고 권위자 마이클 E. 포터Michael E. Porter는 "전략이란 무엇을 하지 않을지를 결정하는 것이다"라고 말했다. 이는 단순한 비즈니스 전략뿐만 아니라, 개인의 재정 및 시간 관리에도 적용될 수 있는 중요한 원칙이다. 많은 사람이 불필요한 소비로 인해 정작 중요한 곳에 자원을 투자하지 못하는 경우가 많다. 타인의 시선을 의식한 고급 소비나 과시적인 지출에 휘둘린다면 정작 자신에게 가치 있는 경험을 위한 여력은 줄어들 수밖에 없다.

　따라서 자신에게 진정으로 의미 있는 것이 무엇인지 고민하고, 불필요한 소비를 줄이는 전략을 세우는 것이 중요하다. 삶에서 중요한 우선순위를 설정하는 것이야말로 지속적인 행복을 위한 전략이 될 것이다.

2달러든 20만 달러든 물건보다
경험을 사는 쪽이 후회를 남기지 않는다.

— 마이클 I. 노튼(하버드대학교 경영대학원 교수)

물건보다
경험을 구매하라

행복해지기 위해서는 돈을 얼마나 벌지가 아니라 돈을 얼마나 어떻게 쓸 것인가를 고민하는 것이 더 중요하다. 단순히 소비 습관의 문제가 아니라 삶의 만족도를 결정하는 핵심 요소 중 하나이기 때문이다. 하버드대학교 경영대학원 교수인 마이클 I. 노튼과 그의 동료이자 브리티시컬럼비아대학교의 교수인 엘리자베스 던Elizabeth Dunn은 부를 좇지 않고도 행복해질 수 있는 방법을 연구했다. 그들의 연구 결과와 견해를 정리한 책이 바로《당신이 지갑을 열기 전에 알아야 할 것들Happy Money》이다. 이 책에서 저자는 돈을 더 가치 있게 소비하는 다섯 가지 원칙을 소개했다.

1. 경험을 구매하라.

2. 보상에 투자하라.

3. 시간을 구매하라.

4. 먼저 돈을 내고 나중에 소비하라.

5. 타인을 위해 투자하라.

그중에서 이번에 살펴볼 주제는 '경험을 구매하라'이다. '경험을 구매한다'는 말은 물건을 사는 대신 여행, 콘서트, 회식, 취미 활동 등에 돈을 쓰는 행위를 뜻한다. 단순한 소비 행위가 아니라 시간이 지나도 가치가 남는 경험에 투자하는 것이 행복을 증진하는 중요한 요소라는 것이다. 물건을 구매하면 시간이 지날수록 만족감이 감소하지만, 경험을 구매하면 만족도가 증가한다고 한다.

연구에 따르면 미국인의 약 57%는 '물건보다 경험을 구매할 때 더 행복해진다'고 응답했으며, 반대로 대답한 사람은 34%에 불과했다. 이 결과는 경험이 물질적 소비보다 더 지속적이고 깊은 만족감을 제공한다는 점을 시사한다. 노튼과 던은 이에 대해 "2달러든 20만 달러든 물건보다 경험을 사는 쪽이 후회를 남기지 않는다"라고 주장했다. 이는 경험이 단순한 소유를 넘어, 인생에서 의미 있는 순간을 만들어주기 때문이다.

경험을 구매하면 행복해지는 이유 중 하나는 경험을 통해 타인과의 유대를 강화할 수 있기 때문이다. 코넬대학교에서 실시한 연구에 따르면, 같은 상품을 구매한 사람들보다 같은 경험을 공유한 사람이 더 즐겁게 대화를 나누고, 상대방에게 더 큰 호감을 느끼는 경향이 있는 것으로 나타났다.

게다가 노튼과 던은 경험을 구매하면 '노스탤지어Nostalgia의 힘'도 향유할 수 있다고 설명한다. 노스탤지어란 과거를 애타게 그리워하는 감정을 의미하며, 이는 단순한 향수가 아니라 인간의 심리에 긍정적인 영향을 미치는 강력한 요소이다. 미국의 사회학자 프레드 데이비스Fred Davis는 노스탤지어가 "과거의 행복과 성공을 상기시켜 사람의 마음을 편하게 하며, 자기가 가치 있는 사람이라는 자신감을 부여한다"라고 말했다. 즉, 과거의 경험을 떠올릴 때 단순한 기억이 아니라 그 경험이 주었던 긍정적인 감정과 자아 존중감이 다시 살아나면서 현재의 행복에도 기여할 수 있다는 것이다.

노튼과 던은 '경험의 이력'에 대해서도 언급하고 있다. 단순한 물리적 소유보다 색다른 경험을 통해 개인의 삶을 더욱 풍부하게 만들어가는 과정을 의미한다. 예를 들어 캐나다의 퀘벡주와 루마니아 등지에서 늘어나고 있는 얼음 호텔은 영하 5℃의 방에서 얼음 침대에 누워 자는 체험을 판매하고 있다. 이는 단순한 숙박을 넘어 평생 기억에 남을 특별한 '경험의 이력'을 쌓을 수 있다.

하버드대학교에서 마케팅을 가르쳤던 아낫 케이난_{Anat Keinan}은 플로리다주의 고급 호텔 체인인 메리어트 호텔과 퀘벡주의 얼음 호텔 오텔 드 글라스_{Hôtel de Glace} 중에서 어느 곳에 묵을 것인지를 묻는 조사를 시행했다. 그 결과 조사 응답자의 72%가 얼음 호텔에 머물고 싶다고 답했다. 메리어트 호텔이 더 쾌적한 환경을 제공하지만, 얼음 호텔에 묵으면 잊을 수 없는 추억을 만들 수 있을 것이라는 기대에서였다.

경험을 구매하는 것은 단순한 소비가 아니라, 자신의 삶을 더욱 풍요롭게 만들고 '경험의 이력'을 쌓아가는 과정이라 할 수 있다. 새로운 경험은 물질적인 소비와 달리 시간이 지나도 그 가치를 잃지 않고, 오히려 더욱 의미 있고 소중한 기억으로 남는다. 예를 들어 여행을 통해 새로운 문화를 접하거나, 특별한 공연을 관람하고, 새로운 취미를 배우는 것은 일시적인 즐거움을 넘어, 삶에 깊이 있는 감동과 배움을 선사한다. 이러한 경험들은 자신의 가치관을 확장시키고, 인생에 긍정적인 변화를 불러일으키는 중요한 요소가 될 수 있다. 경험을 통해 얻는 감동과 깨달음은 시간이 지나도 지속적으로 우리의 행복을 키워주는 자산이 된다.

나는 파리 방돔 광장의 5대 귀금속점 중 한 곳에서 총액 10억 원을 넘는 고가의 보석을 시착해본 적이 있다. 그 순간 나는 단순히 보석을 착용한 것이 아니라, 난 '경험의 이력'을 쌓았다. 내 마음대로 쓸 수 있는 10억 원이 있다면 귀금속을 사기보다 모교에 기부하여 차세대 인재 육성을 위한 기금 마련에 일조하고 싶지만, 목덜미와 손가락 사이에서 빛나던 3캐럿짜리 다이아몬드를 떠올리면 지금도 황홀한 기분에 빠져든다. 이렇듯 '경험의 이력'은 인생에 재미를 더해준다.

또한 식사나 여행 같은 경험을 구매하면 함께하는 사람

의 행복감을 높여줄 수 있다. 좋은 레스토랑에서의 한 끼 식사, 가족이나 친구와 함께 떠난 여행은 단순한 소비를 넘어 공유된 기억으로 남아 시간이 지나도 지속적인 행복을 제공한다. 이러한 경험의 특별한 점은 당일이 오기를 기다리는 동안에도 설렘을 느낄 수 있는 것은 물론이고, 수십 년이 지난 후에도 그 날의 추억을 떠올릴 때마다 행복을 느낄 수 있다. 이런 모든 순간은 단순한 소비를 넘어 기억 속에서 살아남아 우리의 감정을 풍요롭게 한다.

어머니와 교토를 여행할 때였다. 출장 하루 전에 가서 늦은 점심을 먹고 하룻밤 자고 오는 짧은 여행이었다. 내가 일하는 동안 어머니께선 호텔에서 기다리셨다. 몇 달이 지난 후 아침 식사를 하시던 어머니께서 갑자기 말을 꺼내셨다.

"저번에 간 교토 여행을 떠올리면 지금도 기분이 좋아져. 물두부도 먹고, 그곳에서 절에 갈 때 길을 헤맸던 건 꿈까지 꿀 정도야. 그때를 생각하면 정말 행복해져."

나는 눈물이 났다. 장거리 이동이 힘들진 않으실까 걱정되고 출장을 겸해서 여행 가는 것이 죄송스럽기도 했는데, 어머니의 말씀을 들은 나는 어머니보다 더 행복했다. 그 여행은 어머니와 나의 마음속에 계속 남아서 떠올릴 때마다 분명 우리를 행복하게 해줄 것이다. 물건보다 경험에 돈을 써서 행복을 느낀 기억은 누구에게나 있을 것이다.

그러나 경험 구매가 언제나 행복으로 이어지는 것은 아니다. 행복은 특정 부류의 경험을 살 때로 한정된다. 노튼과 그의 동료는 다음과 같은 조건을 들었다.

- 타인과 함께하여 사회적 유대감을 높이는 경험
- 살면서 계속 되새기고 싶은 추억담을 만들 수 있는 경험
- 자신이 바라는 자아를 확실하게 실감할 수 있는 경험
- 다른 선택지와는 쉽게 비교할 수 없는, 희귀한 기회를 제공하는 경험

구글은 매년 최우수 사원을 선정해 억 단위의 보너스를 지급해왔지만, 거액의 보상은 갈등을 조장한다는 조사 결과에 따라 인상 깊은 경험을 제공하는 방식으로 바뀌었다. 예를 들어 어느 해 최우수 사원과 그 배우자를 아름다운 해변이 있는 코스타리카로 여행을 보내줬다. 여행을 기획한 담당 임원과 실제 여행을 다녀온 직원은 입을 모아 "그 여행

은 동일한 금액의 현금은 물론이고 10배의 현금을 수여하는 것보다 더 의미 있고 귀중한 가치가 있으며, 조직 전체에도 큰 영향을 끼쳤다"라고 말했다.

경험 구매는 자기 평가나 자기 존재감을 높이고 인격적 성장 및 성숙으로 이어지기 때문에 행복을 증진하는 데 도움이 된다. 미래를 위해, 만족을 위해 물건을 구매하는 일이 나쁘다는 뜻은 아니다. 생활을 영위하고 인생을 살아가는 데 물건은 꼭 필요하며, 사람은 자신의 소유물로 삶의 방식을 나타내기도 한다.

중요한 것은 경험이든 물건이든 자신에게 진정한 의미를 지닌 것에 투자하는 것이다. 우리는 자신이 선택한 것들에서 의미를 찾을 수 있을 때, 더욱 만족스럽고 행복한 삶을 누릴 수 있다. 특히 의미 있는 경험은 단순한 소비를 넘어 삶을 더욱 풍요롭게 만든다. 그러나 여행, 문화 체험, 배움 등은 우리의 시야를 넓히고 감정을 풍성하게 하지만, 여행 자체가 목적이 되어서는 안 된다. 여행은 행복한 삶을 위한 수단이어야 하며, 단순히 떠나기 위해 떠나는 것이 아니라, 진정한 가치를 찾는 과정이어야 한다.

행복을 지속적으로 누리기 위해서는 목표와 목적을 혼

동하지 않는 것이 중요하다. 무엇을 위해 경험하고 소비하는지를 스스로 점검하며, 그것이 자신의 가치관과 삶의 방향에 부합하는지 고민하는 태도가 필요하다.

돈을 현명하게 쓰면

더 큰 행복을 살 수 있다.

—마이클 I. 노튼(하버드대학교 경영대학원 교수)

보상, 시간,
미래에 투자하라

마이클 I. 노튼과 엘리자베스 던이 행복한 소비생활에 관해 다룬 책《당신이 지갑을 열기 전에 알아야 할 것들》에 나오는 다섯 가지 원칙 중 세 가지, '보상에 투자하라', '시간을 구매하라', '먼저 돈을 내고 나중에 소비하라'는 행복한 시간을 연장할 수 있는 지출 방법들이다.

먼저 '보상에 투자하라'를 살펴보자. 보상이란 새로운 것, 희귀한 것에 돈을 써서 행복을 늘리는 일이다. 일반적으로 우리는 새롭고 희귀한 것을 보거나 경험하면, 놀라움과 함께 기쁨과 즐거움을 느끼는 경우가 많다. 많은 사람이 시즌 상품과 한정판에 매료되는 이유는 그것이 언제든지 살 수 있는 물건(경험)이 아니기 때문이다.

두 저자는 물건을 구매해서 얻는 기쁨은 쉽게 사그라들기 때문에 물건을 구매하는 그 순간에 얻는 기쁨과 그것을 사용하며 얻는 즐거움을 최대치로 끌어올리는 방법을 고민하라고 조언한다. 두 저자는 자신들에게 기쁨을 가져다주는 구매품 목록도 공개했다. 노튼이 좋아하는 것은 때맞춰 먹는 달콤한 간식이다. 그는 2월에는 매운 계피맛 캔디인 레드핫츠Red Hots를, 11월에는 핼러윈에 먹는 캔디인 캔디 콘Candy Corn을, 12월에는 박하맛 아이스크림과 에그노그Eggnog(위스키나 브랜디 등에 우유, 설탕, 계란을 첨가한 칵테일)를 자신만의 시즌 음식으로 정해 먹는다고 했다. 모두 특정 시기에 즐길 수 있는 간식이라 그는 항상 새로움과 희귀함, 색다른 즐거움을 만끽하고 있다고 한다.

던이 스스로에게 주는 상은 카페라테다. 그는 평소에는 원두커피만 마시지만, 카페라테의 날을 정해 그날만을 기다린다. 그날이 오면 풍성한 우유 거품이 올라간 카페라테를 특별히 즐기며 상쾌한 기분으로 그 맛을 음미한다.

이처럼 뭔가를 해내거나 성과를 거둔 날에 자신에게 선

물을 주도록 정해놓으면, 성과나 실적이 좋아지는 경우가 많다. 보상을 기대하며 동기부여가 되고, 성취의 기쁨이 더욱 커지며, 반복적인 노력을 지속할 수 있는 원동력이 된다. 결국 보상을 통해 행복을 증진하는 동시에 성과까지 높일 수 있다면, 이는 그야말로 '일석이조'의 효과를 얻는 셈이다.

다음으로 '시간을 구매하라'이다. 자신에게 중요한 것에 더 오랜 시간을 투자하기 위해 돈을 쓰는 행위 역시 행복도를 상승시킨다. 예를 들어 맞벌이 부부가 여가를 즐기기 위해 집안일을 외부인에게 맡기는 경우가 이에 해당한다. 자신에게 의미 있고 행복한 시간과 재화를 교환하는 것이라고 할 수 있다.

노튼은 어떤 활동에 시간을 덜 쓸지는 사람마다 각자 생각이 다르다고 말한다. 경제학자인 대니얼 카너먼의 연구가 이 개념을 이해하는 데 도움이 된다. 카너먼은 출퇴근 시간, 텔레비전 시청 시간, 가족 및 지인과 함께하는 시간 등이 개인이 조정할 수 있는 활동 시간이며, 이를 잘 조율할 경우 개인의 행복도가 높아진다고 설명했다. 출퇴근 시간을 조절하기란 어려운 일이지만, 교통이 혼잡한 시간대를 피하고 최적의 경로를 찾는 등 여러 가지 방법을 강구해 보기를 제안한다.

노튼은 "사람은 적은 돈을 아끼기 위해 너무나도 쉽게 여가 시간을 희생한다"라고 지적했다. 예를 들어 조금 더 싼 기름을 파는 주유소에 가기 위해 먼 거리를 나선다든지, 최신 부동산 정보를 얻거나 아파트 모델하우스를 구경하기 위해 긴 줄을 감수하기도 한다. 주말 오후 시간을 날리면서 지금 당장 필요하지 않은 물건을 싸게 사러 가는 행동이 이에 해당한다.

이러한 행동을 두고 절약하는 습관의 일부라고 주장하는 사람도 있지만, 카너먼은 부유한 사람일수록 쇼핑, 업무, 출퇴근 등 긴장감과 압박감을 동반하는 활동을 더 줄이려고 하고 휴식과 같은 중요한 일에 시간을 투자하려 한다고 설명했다. 소득 수준이 아니라 가치관 차이가 시간과 돈의 우선순위를 결정한다고 볼 수 있다. 물론 의미 있는 시간의 기준은 사람마다 다르다. 노튼은 청소를 좋아하기 때문에 외부 업체에 맡기지 않는다. 반면 청소를 스트레스받는 활동으로 여기는 사람이라면 비용을 들여서라도 외주를 맡기고 그 시간을 더 의미 있는 일에 활용하는 것이 현명할 수 있다.

마지막으로 '먼저 돈을 내고 나중에 소비하라'는 원칙은 소비를 기다리는 동안 느끼는 설렘을 통해 행복도를 높이는 효과가 있다. 다시 말해 '보류 효과'를 통해 미래의 소비를 기대하며 행복을 증진하는 지출 방법이다.

대표적인 사례는 예약 시 돈을 지불하고 나중에 서비스를 받는 패키지여행이다. 네덜란드에서 천 명이 넘는 사람을 대상으로 한 조사에서는 여행 몇 주 전과 여행 후의 행복도를 비교한 결과, 여행을 떠나기 전의 행복도가 더 높다는 사실이 밝혀졌다. 누구나 한 번쯤은 그런 경험이 있을 것이다. 여행 일정을 계획하고 기대하는 동안, 공연 티켓을 예매한 후 공연 날을 기다리는 동안, 특별한 날을 앞두고 설렘을 느끼는 순간들 말이다.

노튼은 이미 손에 들어온 것보다, 앞으로 손에 들어올 것에서 더 큰 기쁨을 느끼는 경향이 있다고 설명한다. 미래는 아직 오지 않았기 때문에, 우리는 그 시간을 찬란한 빛과 기대로 가득 채울 수 있다. 미래에 대한 기대는 아직 현실이 아니라는 점에서 마음대로 이상적으로 그려볼 수 있다는 매력이 있다.

그런데도 사람들은 먼저 소비하고 나중에 지불하기를 좋아한다. 노튼은 현재가 과거나 미래보다 훨씬 더 기분을 고조하는 힘을 가졌기 때문이라고 설명한다. 바로 그 '현재의 힘' 탓에 지금 당장 눈앞에 있는 물건을 사고 싶어 하는 것이라고 설명한다. 사람들이 소비를 뒤로 미루는 것은 그 행위가 가치 있다고 판단할 때뿐이다.

노튼과 던은 다음의 경우에 재화를 지불하고 최대의 행복을 얻을 수 있다고 정리했다.

- **소비할 때까지 조금씩 정보를 얻어가며 상품의 매력을 발견할 기회가 제공될 때:** 여행을 계획하며 명소를 찾아보거나, 사고 싶은 물건의 리뷰를 읽으며 기대감을 키우는 과정 자체가 즐거움이 된다.
- **소비를 예상하면 '가슴이 두근거릴' 정도로 기대하고, 소비한 후에도 만족감이 계속 커질 때:** 오랫동안 기다려온 공연 티켓을 구매하고, 그날을 기다리는 동안 설렘을 느

끼는 것처럼, 소비 전후의 감정이 지속될 때 그 소비는 더욱 가치 있게 여겨진다.

- **소비 체험 그 자체는 꽤 단시간에 끝나나 대체 불가결한 경험일 때:** 얼음 호텔에서 숙박을 하거나, 특별한 레스토랑에서의 식사 등 단순한 물건이 아니라 삶에 깊이 각인될 만한 경험을 소비할 때 그 가치는 시간이 지나도 사라지지 않는다.

돈을 현명하게 쓰면 더 큰 행복을 누릴 수 있다. 재테크만큼이나 어떻게 돈을 지출할 것인가에 대한 고민도 중요하다. 현명한 소비 습관은 행복한 시간을 늘리고, 삶의 질을 높이는 강력한 도구가 될 수 있기 때문이다.

자신을 위해 투자할 때보다

타인을 위해 투자할 때 더 큰 행복감을 느낀다.

—마이클 I. 노튼(하버드대학교 경영대학원 교수)

베풀수록
더 많이 얻는다

지금까지 소개한 네 가지 소비 원칙은 모두 자신을 위한 지출이라고 할 수 있다. 반면 마지막으로 다룰 소비 원칙은 '타인에 대한 투자'이다. 저명한 투자가이자 대부호인 워런 버핏Warren Buffett은 최상류층 부자들에게 '본인 재산의 50%를 생전 혹은 사후에 기부할 것'을 제안한다. 본인 역시 재산의 99%를 기부하겠다고 공언했다. 이를 두고 버핏은 '더 할 나위 없는 행복'이라고 표현했다.

기부는 부자들만 할 수 있는 일이 아니다. 마이클 I. 노튼과 그의 동료는 대부호가 아니더라도 누구든지 '작은 버핏'이 될 수 있다고 주장했다. 이를 검증하기 위해 캐나다 밴

쿠버 거리에서 흥미로운 실험을 진행했다. 연구진은 사람들에게 쇼핑 목록과 5달러 또는 20달러가 든 봉투를 나눠주고, 돈을 쓰는 방법에 따라 행복감이 어떻게 변하는지를 알아보는 실험을 했다.

봉투 안에는 두 종류의 지시가 적힌 목록이 들어 있었다. 하나는 당일 오후 5시까지 자신을 위한 선물을 구매하거나 자신을 위한 지출을 하라는 내용이었고, 다른 하나는 같은 시각까지 타인에게 줄 선물을 사거나 자선 단체에 기부하라는 지시였다.

실험 결과, 행복에 미치는 효과는 5달러든 20달러든 동일했다. 금액에 따른 차이는 없었지만, 돈의 사용법에 따라 결과가 달라졌다. 자신을 위해 사용한 지출보다, 타인을 위해 사용한 지출에 더 큰 행복감을 느꼈다. 적은 금액이라도 타인을 위해 쓴다면 더 행복해질 수 있다는 사실을 밝혀낸 실험이었다.

노튼은 자신을 위해 돈을 쓰는 행위를 '개인적 지출', 타인을 위한 선물을 사거나 기부하는 행위를 '친사회적 지출'이라고 부른다. 그들은 미국인 600명을 대상으로도 같은 조사를 실시했다. 연구 결과 개인적 지출의 총액에 비해 친사회적 지출의 비율은 평균적으로 10%가 안 됐지만, 행복에 더 큰 영향을 주는 쪽은 개인적인 지출이 아니라 친사회적 지출이었다.

이는 비단 부유한 국가에만 해당하는 이야기가 아니다. 앞에 언급한 경제적으로 풍요로운 국가들과 비교했을 때, 상대적으로 국내총생산이 낮은 국가의 국민들 역시 타인에 대한 투자를 할 경우 행복도가 높아진다는 결과가 도출되었다. 캐나다와 우간다의 국민 800명을 대상으로 한 조사에 따르면, 두 나라 국민 모두 개인적 지출이 아니라 친사회적 지출 경험을 떠올릴 때 더 큰 행복감을 느꼈다. 캐나다는 1인당 국민 소득이 세계 상위 15%에, 우간다는 하위 15%에 해당하고, 두 나라는 역사, 종교, 기후, 문화가 모두 다르다. 이처럼 환경에 상관없이 사람은 타인에게 투자하면 할수록 더 행복해질 수 있다는 사실을 알 수 있다.

또한 갤럽이 136개국에 걸쳐 실시한 조사 역시 친사회적 지출이 행복을 불러온다는 사실을 밝혀냈다. 결국 타인을 위한 소비가 행복을 만드는 보편적인 원칙이라고 말할 수 있다.

이를 잘 적용한 사례가 크라우드펀딩이다. 크라우드펀 딩은 말 그대로 대중을 통한 기금 모금, 즉 크라우드crowd, 대중과 펀딩funding, 자금조달을 합성하여 만든 조어로, 인 터넷을 매개로 불특정 다수의 사람에게서 자금을 모으는 서비스다.

일본 크라우드펀딩 사이트인 레디포Readyfor는 2011년 3 월, 당시 대학원생이었던 메라 하루카米良はるか가 창업한 일 본 최초의 크라우드펀딩이다. 지금은 일본 최대 규모를 자 랑하며 계속해서 뚜렷한 성장세를 보이고 있다. 레디포의 가장 큰 특징은 동종업계의 다른 플랫폼과 비교했을 때, 사 회 활동과 관련된 프로젝트가 특히 많다는 점이다. 이러한 특성 때문에 레디포에서 이루어지는 출자는 단순한 투자 나 후원을 넘어, 사회적 가치를 실현하는 친사회적 지출로 볼 수 있다. 이처럼 의미 있는 프로젝트에 대한 참여가 출 자자들의 공감을 불러일으키며, 이는 자금을 모으는 중요 한 원동력이 되고 있다고 볼 수 있다.

노튼은 과학적인 조사 결과를 바탕으로 친사회적 지출 에 의한 행복을 증폭할 수 있는 세 가지 전략을 제안했다.

- **선택하기:** 기부나 투자에 대해 선택의 여지가 있고 자발적이어야 한다.
- **유대관계 형성하기:** 타인, 특히 호의를 가지고 있는 사람들과 유대감이 깊어지는 방법으로 돈을 써야 한다.
- **영향력 행사하기:** 타인에 대한 투자가 어떤 영향을 끼치는지 파악할 수 있어야 한다.

레디포 사이트에서 프로젝트를 열람하면, 펀딩의 취지와 세부 내용, 그리고 주최자의 메시지를 확인할 수 있다. 참여자들은 이를 바탕으로 자신이 공감하는 프로젝트를 선택해 자발적으로 출자할 수 있으며, 주최자는 출자자들에게 직접 메시지를 보낼 수도 있다. 이를 통해 프로젝트가 진행되는 동안 주최자와 출자자 간의 소통이 이루어지고, 유대감이 형성될 수 있다. 또한 목표 금액과 현재 달성 비율이 실시간으로 공개되므로, 투자자들은 자신의 투자가 프로젝트에 미치는 영향을 직접 확인하며 더욱 적극적으로 참여할 수 있다.

나의 지인인 한 편집자 역시 레디포를 통해 일러스트레이터 이치이 미카市居みか의 그림책《세계 최고의 빵》을 출

간했다. 초기 목표 금액은 1,000만 원이었지만 97명의 도움으로 최종 1,530만 원 정도가 모였고 프로젝트는 성공적으로 끝났다. 일본 출판계 최초의 크라우드펀딩이었다.

나가노 현 오부세에는 결핵으로 고통받는 일본인을 돕기 위해 1920년대 캐나다인들이 지금의 화폐가치로 약 200억 원에 달하는 자금을 모아 설립한 결핵요양원이 있다. 《세계 최고의 빵》은 그 요양원에서 일하는 캐나다인 수간호사와 그 지역 일본인 제빵사의 이야기다. 캐나다에서 파견 온 수간호사를 위해 힘들게 캐나다 빵을 굽는 제빵사. 두 사람이 보여주는 헌신적인 모습이 공감을 불러일으키며 프로젝트를 성공시켰다. 단순히 '맛있는 빵' 이야기였다면 이 정도의 호응을 불러일으키지 못했을 것이다.

사람들은 세계와 인류를 위한 프로젝트를 지원하면서, '자신을 위해 투자할 때보다 타인을 위해 투자할 때 더 큰 행복감을 느낀다'는 원칙을 실천하고 있다는 느낌을 받는다. 이는 단순한 선행이 아니라, 우리 삶을 더욱 의미 있고 가치 있게 만드는 강력한 원동력이 된다.

자신의 시간, 돈, 노력과 같은 자원을 타인을 위해 사용할 때, 우리는 단순한 만족을 넘어 깊은 충만감과 삶의 의미를 발견할 수 있다. 결국, 타인을 위한 투자는 단순한 나눔을 넘어, 우리가 더 깊이 있는 삶을 살아갈 수 있도록 도와주는 중요한 요소가 된다. 이 과정에서 우리는 사회와 연결되고, 자신이 속한 공동체에서 더욱 의미 있는 존재로 자리잡게 된다.

3장

일에서
즐거움을 찾을 때
삶이 빛난다

행복하기 위해서는

일을 해야 한다.

─ 탈 벤 샤하르(前 하버드대학교 강사)

일을 그만두면
과연 행복할까

　하버드대학교 총장을 지낸 데릭 보크는 각자가 느끼는 행복감의 차이는 유전적 특질을 제외한 여섯 가지 요인으로 설명할 수 있다고 말한다. 결혼, 인간관계, 건강 상태, 종교, 정치·행정의 질, 그리고 '일'이다. 경력이론의 개척자 도널드 E. 슈퍼Donald E. Super 는 "일은 자신의 흥미(좋아하는 것), 능력(잘하는 것), 가치관(중요시하는 것)을 표현하는 수단"이라고 말한다. 따라서 일에는 보수를 받는 직업뿐만 아니라 집안일이나 취미 활동, 시민 활동 등도 포함된다.

　일에 대한 만족도가 행복에 미치는 영향에 대해서는 다양한 견해가 있지만, 실업이 행복을 명백히 손상시킨다는 점에서는 대부분의 사람들이 동의한다. 해고된 사람은 충분한 실업 급여를 받더라도 행복도가 쉽게 회복되지 않는다. 경제적 보상이 주어지더라도, 실업 자체가 가져오는 심리적 타격과 사회적 고립감이 크기 때문이다. 심지어 거의 동일한 급여 수준으로 재취업하더라도 행복도가 실업 이전 수준으로 돌아가지 않는다는 조사 결과가 있다.

2008년 영국 경제지 〈이코노믹 저널The Economic Journal〉에서 실시한 조사에 따르면, 인생의 다양한 사건과 경험 중 행복도에 가장 큰 영향을 끼치는 요인은 '장기간의 실업 상태'로 드러났다. 이 연구는 결혼, 이혼, 자녀 출산, 배우자 사망, 실업 등 여러 사건이 행복감에 미치는 영향을 분석하기 위해, 13만 명을 대상으로 수십 년에 걸쳐 추적 조사를 진행했다. 그 결과 배우자를 잃은 사람은 몇 년 후에는 원래의 행복도를 회복하지만, 실업 상태가 1년 이상 지속된 사람의 행복도는 원래 상태로 돌아가지 못한다는 사실을 알아냈다.

하버드대학교 의과대학원의 조지 E. 베일런트는 해고를 당하면 자존심과 타인의 존경을 잃게 되어 행복도가 하락한다고 말했다. 이는 단순히 경제적 손실 때문만이 아니다.

일은 단순한 생계 수단이 아니라, 우리의 정체성과 깊이 연결된 요소이기 때문이다. 사람은 일을 통해 자신이 사회에서 어떤 역할을 수행하는지, 어떤 가치를 창출하는지를 확인한다. 따라서 일을 잃는 것은 곧 자의식의 일부를 잃는 것과 같은 충격을 준다.

새로운 환경에서 다시 자리를 잡고 자신의 가치를 인정받는 과정은 많은 시간과 노력이 필요하다. 일을 통한 정체성의 회복은 단순히 경제적 안정만으로 해결되지 않으며, 자기 효능감과 자존감을 되찾는 과정까지 포함해야 한다. 이는 해고뿐만 아니라, 퇴직 후의 삶을 준비하는 사람들에게도 적용되는 이야기다. 우리는 일을 하며 자아를 형성하고, 이를 통해 타인과 관계를 맺는다. 따라서 단순한 직업이 아닌, '나의 역할'을 어떻게 다시 설정할 것인가가 중요하다.

일이 꼭 직장을 의미하는 것만은 아니다. 예를 들어, 자녀가 성장하여 독립하면 오랫동안 육아에 몰두해온 어머니들은 '빈둥지증후군Empty Nest Syndrome'을 경험할 수 있다. 아이를 돌보는 것이 삶의 중요한 역할이었기에 그 역할을 상실했을 때 우울감, 무력감, 상실감이 찾아올 수 있다. 이처럼 직업뿐만 아니라, 우리가 중요하게 여기던 일거리를 잃는 것은 개인의 정체성을 훼손할 수 있으며 삶의 즐거움과 의미를 앗아가기도 한다.

탈 벤 샤하르에 따르면, 행복은 현재의 이익인 '즐거움'과 미래의 이익인 '의미'가 결합된 것이다. 즉, 행복은 단순히 순간적인 즐거움에서 끝나는 것이 아니라, 장기적인 가치와 목표를 향해 나아가는 과정에서 더욱 깊어지고 지속될 수 있다.

그는 '몰입flow' 상태에서는 현재와 미래의 이익이 조화롭게 삶에 녹아든다고 했다. 그리고 "몰입은 가정보다 직장에서 체험하기가 더 쉽다"라는 미하이 칙센트미하이의 발언을 소개하며 "행복하기 위해서는 일을 해야 한다"라고 주장했다. 칙센트미하이가 제창한 '몰입'이란 의식과 행동이 하나가 되는 상태이며, 우리가 넘치는 활력으로 현재의 활동에 열중하며 주변과 조화를 이룰 때 느끼는 감정이다.

긍정심리학의 창시자인 마틴 셀리그만은 몰입을 '의식과 감각을 잃어버릴 만큼 몰두하고 있는 충족 상태'라고 설명했다. 이는 단순히 집중이 아니라, 자신이 하는 일에 완전히 빠져들어 시간과 주변 환경을 잊고 오직 그 순간에만 존재하는 상태를 의미한다. 사람들이 자신의 능력을 결집하여 몰두해야 하는 난관에 직면할 때 몰입 상태가 하루에 몇 번, 몇 분 동안 발생하는지에 관해 조사한 칙센트미하이의 연구를 소개하며 이 몰입의 경험이 '어떤 직업을 선택해야 하는지, 선택한 직업은 어떻게 천직으로 만들지'에 관한 문제를 해결하는 열쇠가 될 수 있다고 언급했다.

벤 샤하르 역시 몰입을 '활동에 완전히 몰두하여 절정 성과Peak Performance를 내며, 절정 체험Peak Experience을 하는 상태'라고 말한다. 절정 체험은 욕구단계설로 유명한 미국의 심리학자 에이브러햄 매슬로Abraham Maslow가 제시한 개념으로, '인생에서 가장 행복한 최고의 순간이며 황홀, 환희, 더없는 만족감을 느끼는 체험'이다. 어떤 일을 하든 성과가 필요하기 때문에, 절정 성과로 이어지는 과정인 몰입을 경험하기 쉬운 것인지도 모른다.

일은 몰입의 즐거움과 다양한 충족감을 선사하며, 단순한 생계수단을 넘어 일상의 기쁨과 삶의 의미를 더해준다. 우리가 일에서 의미를 찾고 몰입할 때, 성취감과 보람을 느끼며 성장할 수 있다. 물론, 일에는 즐거움만 있는 것이 아니라 끊임없는 도전과 스트레스, 실패를 경험하기도 하고, 때로는 반복되는 지루함과 어려움을 견디며 나아가야 한다. 그러나 이러한 과정을 극복하고 목표를 달성했을 때 얻는 성취감은 우리의 자기효능감과 자신감을 높이는 중요한 원동력이 된다.

자기효능감이란 어떠한 상황에서도 적절한 행동을 할 수 있다는 믿음이며, 이는 "나는 할 수 있다"는 자신에 대한 긍정적인 기대감으로 이어진다. 자기효능감이 높을수록 우리는 더 큰 도전에 나설 용기를 얻고, 새로운 목표를 향해 지속적으로 성장할 수 있다.

오래된 연구 결과이긴 하지만, 웰빙 관련 조사로 유명한 갤럽의 창업자 조지 갤럽George Gallup은 1958년 95세 이상 미국인들을 인터뷰한 결과, '사람이 90세까지 장수할 수 있는지 없는지는 일을 통해 얻는 행복에 달려 있다'라는 결론을 내렸다. 갤럽의 행복도 조사에서는 일에 대한 행복도가 높은 사람은 그렇지 않은 사람에 비해 자신의 삶을 긍정적으로 평가하는 비율이 두 배나 높은 것으로 드러났다.

앞에서 말했듯이 일에 대한 만족도와 행복의 관계에 대

한 견해가 일치하지 않는 이유는 사람들이 일의 의미를 어떻게 해석하고 평가하는지가 저마다 다르기 때문일 것이다. 한편 일에 대한 평가나 자세와 상관없이, 실업이 배우자의 사망보다 더 큰 행복의 손실을 가져온다는 연구 결과가 있는 이유는 일이 우리 삶에서 가장 많은 시간을 차지하는 활동이기 때문이다. 결국 일이 즐거우면 인생이 즐거워지는 것은 당연한 결과다. 벤 샤하르도 이를 강조하며 "일은 우리에게 즐거움을 경험하게 해줘야 한다"라고 단언했다.

일을 통해 의미를 느끼고, 즐겁게 몰입할 수 있는 방식과 환경을 찾는 것이 중요하다. 단순히 생계를 위한 수단이 아니라, 어떻게 하면 자신의 일에서 기쁨과 보람을 찾을 수 있을지 고민하는 과정이 필요하다. 일이 단순한 의무가 아닌, 삶의 중요한 일부로 자리 잡을 때 우리는 더 큰 성취감과 내면의 만족을 경험할 수 있다.

사회학자 로버트 벨라Robert Bellah와 그 동료들은 일을 세 가지 유형으로 분류했다.

1. 노동 Job

급료를 받고 생계를 유지하기 위해 하는 일이다. 주된 목적은 경제적 보상이며, 개인적인 만족이나 성장보다는 생활을 유지하는 수단이다.

2. 경력 Career

실적과 목표 달성을 중시하며, 승급이나 승진을 위해 하는 일이다. 단순한 생계를 넘어 사회적 지위와 성공을 추구하는 과정이 포함된다.

3. 천직 Calling

일 자체가 목적이 되는 경우를 의미한다. 금전적 보상이나 승진보다 일에서 얻는 의미와 가치가 가장 중요한 요소이다.

경력 개발 전문가로 일하는 나는 천직을 '소울워크'라고 부른다. '마음이 움직여서 하는 일'이라는 의미로, 내면에 충족감을 주는 일을 뜻한다. 일상의 즐거움을 주고, 삶의 의미를 더하는 일이며, 직종이나 보수와는 무관하게 진정으로 몰입하고 가치를 느끼는 활동이다.

이제부터는 자신만의 소울워크를 찾기 위해 어떻게 직업을 선택하고, 어떻게 일해야 하는지에 대해 이야기하고자 한다. 앞으로 제시하는 방법들을 실천하면서 자신의 소울워크를 발견하고, 일을 통해 더욱 깊은 행복을 경험하기를 바란다. 일이 주는 만족감과 성취감은 단순한 생계 수단을 넘어, 삶의 의미를 찾고 내면의 충만함을 느끼게 하는 중요한 요소다. 그리고 그로 인해 얻는 행복은 생각보다 훨씬 더 크고 지속적이다. 이제, 당신만의 소울워크를 찾는 여정을 시작해보자.

천직을 발견하기 위해서는
철저한 자기 분석이 반드시 필요하다.

— 탈 벤 샤하르(前 하버드대학교 강사)

하고 싶은 일과
돈을 버는 일

천직이라는 말을 사전에서 찾아보면 '타고난 직업이나 직분', '그 사람의 천성에 가장 잘 맞는 직업'이라고 풀이되어 있다. 긍정심리학의 창시자이자 펜실베이니아대학교 긍정심리학센터장 마틴 셀리그만은 로버트 벨라Robert Bellah 와 그 동료들이 세 가지로 분류한 일 중 천직에 대해서, "자기 자신을 위해 열정을 기울이며 헌신하는 일"인 동시에 "더 많은 사람의 행복과 더 중요하고 큰 가치에 공헌하기 때문에 종교적인 의미도 내포한 개념"이라고 설명한다.

이처럼 천직에는 두 가지 측면이 있다. 자신을 위해 열정을 쏟으며 최선을 다한다는 측면과 더 중요하고 큰 가치에 공헌한다는 측면이다. 하지만 일하는 사람들의 모습을 살펴보면 전자는 추구하면서도 후자는 의도하지 않는 사람이 많다. 자신의 만족과 성취를 위해 일하지만, 타인과 사회에 기여하는 가치는 크게 고려하지 않는 경우가 많다. 따라서 천직에도 두 가지 유형이 존재한다고 볼 수 있다. 자신의 욕구를 충족하는 천직, 타인과 사회에 공헌하고 봉사하는 천직으로 말이다.

나는 이러한 천직의 두 가지 측면을 바탕으로, 다음과 같이 분류한다.

- 자기 표현의 수단인 '라이프워크Life Work'
- 자아실현의 수단인 '소울워크'
- 생계를 유지하기 위한 수단인 '라이스워크Rice Work'
- 사회적 성공과 지위를 목표로 하는 수단인 '비즈니스워크Business Work'

사회학자인 벨라는 '노동'을 먹고 살기 위한 일이라고 제시했으며, 나는 '노동'이라는 단어가 밥을 번다는 의미이기에 '라이스워크'로, '경력'을 사회적 성공을 지향하는 일이라는 의미에서 '비즈니스워크'라고 명명한 것이다.

　우선 소울워크는 마음에 충족감을 주는 일이다. 사람의
내면적 기준을 만족시키며, 이 세상에 태어난 의미를 자각
하게 하고, 자신의 생명을 사회적 자원으로 활용하여 실존
적 자아를 실현한다. 즉, 소울워크는 단순한 직업이 아니
라, 사명을 다하는 일이라고도 표현할 수 있다.

　현실에서는 소울워크라고 믿었던 일이, 막상 경험해보
니 단순한 생계형 일인 라이스워크였음을 깨닫는 경우가
많다. 반대로 처음에는 라이스워크로 시작했던 일이, 경험
과 성장에 따라 비즈니스워크 혹은 더 나아가 라이프워크
나 소울워크로 변화하기도 한다. 결국, 일의 의미는 고정된
것이 아니라, 우리가 어떤 태도로 접근하느냐에 따라 변화
하고 확장될 수 있다. 중요한 것은, 자신의 일이 어떤 단계
에 있든, 그것을 통해 성장하고 더 깊은 의미를 찾아가는
과정에 있다.

　천직이라는 개념의 바탕에는 '우리는 우주의 일원으로
이 세상에서 살아갈 생명을 부여받았다'라는 사상이 깔려
있다. 나의 생명과 능력은 나의 것인 동시에 사회 전체의

것이라는 사고방식이다. 자아실현을 할 수 있는 소울워크를 찾아내면 자신의 생명과 능력을 본인뿐만 아니라 타인을 위해서도 활용할 수 있다. 아마 그보다 더한 행복은 없을지도 모른다. 결국 소울워크를 발견하고, 그 일에 최선을 다하는 과정에서 우리는 진정한 행복을 손에 쥘 수 있다.

하지만 첫 직장에서부터 소울워크를 만나는 사람은 많지 않다. 많은 사람은 일을 하면서 자신의 흥미와 능력, 가치관을 새롭게 갖기도 하고, 회사와 가정을 비롯한 사회의 평가를 받는 과정 속에서 점차 자신의 소울워크를 발견하게 된다. 탈 벤 샤하르는 천직을 발견하기 위해서는 철저한 자기 분석이 필요하다고 주장했다. 먼저 "자신이 인생에서 하고 싶은 일을 파악한 뒤, 그 욕구에 솔직해지는 용기가 필요하다"며 "우리는 대개 '하고 싶은 일'보다 '잘하는 일'을 선택해야 한다고 교육을 받아 왔다"라고도 지적했다. 사회적 기대나 현실적인 이유로 인해 사람들이 자신이 진정으로 원하는 일보다, 익숙하거나 안정적인 길을 선택하는 경우가 많다.

여러 상담을 하다 보면 자신이 진심으로 하고 싶은 일을 찾기가 얼마나 어려운지, 그리고 얼마나 쉽게 놓치고 마는지 통감하게 된다. 또한 벤 샤하르가 지적한 대로 구직 활동에서 자기 분석을 할 때 많은 사람이 '하고 싶은 일'보다 '잘하는 일'에 초점을 맞춘다. 물론 취직이나 이직 과정에서 경쟁이 불가피하므로 자신이 잘하는 일을 파악해둘 필요는 있다. 벤 샤하르 역시 자신의 장점을 자문해봐야 한다고 말한다.

다만 그 자문은 자신에게 의미와 즐거움을 주는 일을 정한 다음에 행해져야 한다며, 먼저 하고 싶은 일을 생각하고 나서 잘하는 일을 고민해보라고 조언한다. 애이브러햄 매슬로의 말처럼 "가장 아름다운 운명, 가장 멋진 행운은 열정을 다 쏟아낼 만큼 좋아하는 일을 하고 그에 대한 보상도 받는 것"이다.

벤 샤하르는 열정과 장점이 통합된 직업을 '라이트워크The Right Work, 적합한 일'라고 부른다. 라이트워크는 현실적으로 매우 중요한 개념이다. 열정이 있어도 자신의 장점과 맞지 않으면 수입원으로 이어지기 힘들다. 예를 들어 배우나 예술가 중에는 하고 싶은 일에 열정을 쏟지만, 경제적 어려움 때문에 생계를 유지하기 위해 파트타임이나 아르

바이트를 병행하는 경우가 많다. 열정만으로는 안정된 수입이 보장되지 않기 때문이다.

반대로, 자신의 장점에 맞는 일이라도 열정을 느끼지 못한다면 만족감과 즐거움, 그리고 일의 의미를 찾기 어렵다. 한 남성은 돌아가신 아버지의 뒤를 이어 회계 업무를 맡아 뛰어난 실력을 발휘했지만, 그 일에 대한 애정이 없었다. 결국 그는 과감히 이직을 결정하고, 전혀 다른 분야인 비즈니스 트레이너가 되었다. 현재 그는 관리자로서 후진 양성에 힘쓰며 진정한 보람을 느끼고 있다. 그에게 새로운 직업이야말로 자신의 삶과 가치를 반영하는 '라이트워크'였던 셈이다.

그렇다면 라이트워크는 어떻게 찾을 수 있을까? 탈 벤 샤하르는 라이트워크를 찾는 도전적인 작업을 위해 'MPS 프로세스'라는 방법을 제안한다. 그 방법은 다음과 같이 두 단계로 이루어진다.

1. MPS 질문을 한다.

   M(meaning : 의미) — 어떤 일이 나에게 의미를 주는가?

   P(pleasure : 즐거움) — 어떤 일이 나에게 즐거움을 주는가?

   S(strength : 장점) — 나는 무엇을 잘하는가?

2. MPS가 겹치는 영역을 파악한다.

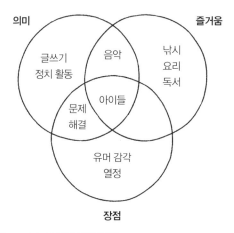

MPS 질문

출처: 《해피어》 copyright © 2007 탈 벤 샤하르

우리는 목표에 대한 질문에 대해 틀에 박힌 답을 가지고 있을 때가 많다. 따라서 머릿속에 떠오르는 답을 그대로 적기보다는, 그중 어떤 것이 진정으로 의미 있는지 깊이 생각해보는 과정이 필요하다. 이를 위해, 지금까지 살아온 인생을 돌아보며 진정한 목적의식을 느꼈던 순간을 떠올려야 한다. 이러한 숙고의 과정이 쌓여야 MPS 질문에 대한 답을 모색할 수 있다.

때로는 답이 예상보다 길어질 수도 있고, 당장 세 가지 요소가 겹치는 핵심 영역을 명확히 찾지 못할 수도 있다. 하지만 이 질문에 대해 깊이 고민하는 과정 자체가 결국 자신만의 답을 찾아가는 중요한 여정이 된다. 스스로에게 끊임없이 질문하고 탐색하는 과정 속에서, 우리는 점점 더 명확한 방향을 발견하고 의미 있는 선택을 할 수 있게 될 것이다.

라이트워크를 통해 돈을 벌고, 실적을 쌓으며, 성장하는 과정에서 그 실적이 단순한 성취를 넘어 타인과 사회에 기여한다는 사실을 깨닫게 될 때, 라이트워크는 소울워크로 승화될 수 있다. 자신이 가장 열정을 느끼는 일과 강점이 만나는 지점을 발견하고, 그것이 자신만의 가치와 사회적 기여로 연결될 때, 우리는 단순한 직업을 넘어 더 깊은 의미를 가진 소울워크를 실현할 수 있다. 결국, 진정한 소울워크란 개인의 성장과 사회적 가치를 동시에 충족시키는 과정에서 탄생한다.

지금 하는 일을

천직으로 발전시킬 수 있다.

— 탈 벤 샤하르(前 하버드대학교 강사)

모든 일은
천직이 될 수 있다

 즐거움과 의미를 주고 장점도 발휘할 수 있는 라이트워크에 종사하고 싶어도 현실적으로 자유롭게 직업을 선택하지 못하는 경우도 있다. 생계를 책임져야 하거나, 가족을 위해 희생해야 하거나, 사회적·정치적 사정 때문에 지금 하는 일을 그만둘 수 없거나, 선택할 수 있는 직업이 제한적인 상황에 놓여 있을 수도 있다.

 펜실베이니아대학교에서 조직행동을 연구하는 에이미 브제스니에프스키Amy Wrzesniewski와 미시간대학교에서 긍정 조직 연구를 하는 제인 더튼Jane Dutton이 의식 조사를 실시한 적이 있다. 이들이 조사한 대상자는 병원 청소부였다.

청소를 따분하고 의미 없는 작업이라고 생각하는 직원이 있는 반면, 자신의 일이 흥미롭고 의미 있다고 생각하는 직원도 있었다. 자신의 일을 의미 있게 받아들이는 청소부들은 단순한 노동을 넘어, 환자 및 다른 직원들과 긴밀한 관계를 맺으며 상대방을 기분 좋게 해주려고 노력하는 모습을 보였다. 일 자체보다 그 일을 어떻게 바라보는지가 개인의 경험과 행복에 큰 영향을 미친다는 점을 보여준다.

또한 자신의 일을 즐기는 직원들의 만족도가 더 높았다. 이처럼 자신의 일을 더 큰 맥락에서 이해하고 적극적으로 의미를 부여할 때, 일은 일 이상의 더 큰 가치를 지닌다. 청소를 천직으로 발전시킨 청소부는 자신의 일에서 의미를 느끼지 못하는 의사보다 더 행복해했다.

마틴 셀리그만 역시 어떤 노동이라도 천직으로 바꿀 수 있다고 주장했다. 단순히 고수입을 올리는 데만 전념하는 의사의 일은 천직이라고 볼 수 없다. 반면 세상을 더 깨끗하고 건강하게 만들겠다는 사명감을 가지고 일하는 폐기물수집업자의 일은 천직이 될 수 있다.

일본에도 이러한 주장을 뒷받침하는 사례가 있다. JR동일본 테크노하트 텟세이TESSEI의 일하는 방식이 하버드대학교 경영대학원의 경영관리 연구 사례로 채택되면서 주목을 받았다. 텟세이는 도호쿠신칸센東北新幹線 노선과 조에쓰신칸센上越新幹線 노선의 열차를 청소하는 회사다. 많은 미디어에 소개되었고 뮤지컬로도 만들어졌다.

이 회사의 가장 큰 특징은 도쿄역에 도착한 후 곧 되돌아가는 신칸센 청소를 단 7분 만에 완료하는 청소 속도이다. CNN에서는 이를 두고 '7분의 기적7 minutes miracle'이라고 보도했다. 신칸센의 한 차량당 좌석은 100석이다. 기본 22명으로 구성된 텟세이의 각 청소팀은 쓰레기를 수거하고, 좌석 방향을 바꾸고, 창문 블라인드를 올리고, 테이블과 창틀을 닦고, 좌석 커버를 교환하고, 분실물을 관리하고, 파손이 있으면 본사에 연락하고, 쓰레기를 배출하고, 화장실을 청소하는 등 모든 작업을 단 7분 만에 완료하여 신칸센의 정시 운행을 돕는다.

신칸센 창문을 통해 사람들의 시선을 받으며 청소하는 이 풍경을 직원들 스스로 신칸센 극장이라고도 부른다. 텟세이도 처음부터 신칸센 극장으로 불린 것은 아니다. 이 혁신을 주도하며 텟세이의 전문이사까지 올랐던 야베 데루

오矢部輝夫조차 2005년 7월 JR동일본에서 텟세이로 이동하게 되었을 때는 왜 하필 그런 곳으로 가야 하는지, 착잡한 기분이 들었다고 한다.

당시 텟세이는 힘들고 더러우며 위험한 직장이었고, 의욕 넘치는 인재도 찾아보기 힘들었다. 당시의 텟세이는 사고와 불평 접수가 많았고 평판이 좋지 않았다. 하지만 그는 '어차피 가야 한다면 즐겁게 일하는 회사로 만들고 싶다'라는 생각으로 모든 일을 처음부터 되짚어보기 시작했다. 그는 청소를 포함한 업무를 더 큰 맥락에서 다시 보고, 텟세이가 하는 일은 '고객 환대'와 '여행의 추억 만들기'라고 직원들에게 철저히 주지시켰다.

또한 '단순히 청소하는 아저씨, 아주머니'가 아니라 '세계 최고 기술을 자랑하는 신칸센을 청소라는 측면에서 지원하고 있는 기술자'라는 점을 직원들에게 끊임없이 피력하면서 그들과 희로애락을 나누고 사기를 진작하며 주체성과 자주성을 조금씩 이끌어냈다. 일에 자신감과 자긍심을 갖게 된 청소 직원들은 솔선하여 변화된 모습을 보였고, 열정적으로 일하기 시작했다.

아우슈비츠 수용소에서 살아 돌아온 정신과 의사이자

심리학자인 빅터 E. 프랭클Viktor E. Frankl은 이렇게 말했다.

"우리가 인생의 의미를 물어서는 안 된다. 우리는 인생으로부터 질문을 받는 입장에 있으므로, 인생에게 대답해줘야 한다."

그는 아우슈비츠 강제 노동에서조차 의미를 발견했다. 먹고 살기 위해서만 하는 라이스워크에도 의미를 부여한다면, 의미와 즐거움을 주는 라이프워크나 소울워크로도 바꿀 수 있다.

자신이 핵심 직무에 열정을 가지고 있는지,

스스로에게 물어봐야 한다.

— 로버트 스티븐 캐플런(하버드대학교 경영대학원 교수)

나의 능력은
어디까지일까

하버드대학교 경영대학원 교수로 재직한 로버트 스티븐 캐플런은 이제까지 해온 직무에 좌절감이나 후회를 느낀다면 자신의 능력을 최대한 발휘하고 있는지 자문해봐야 한다고 말했다.

캐플런은 골드만삭스에서 20년 넘게 근무하는 동안 관리직을 역임하면서 리더십 프로그램을 담당하기도 했다. 이러한 경험을 활용하여 하버드대학교 경영대학원에서도 리더십 과정과 관리자를 위한 강의를 했으며, 학생들과 사회인들의 경력 관리와 인생에 대한 코칭도 제공했다. 캐플런은 새로운 일에 도전할 때는 먼저 자신의 경력을 객관적으로 평가하고, 새 위치에서 성공하기 위한 요인을 파악해야 한다고 설명했다.

그에 따르면, 특정 직업의 핵심 직무를 훌륭하게 수행하지 못하면 성공할 확률은 매우 낮다. 예를 들어 대규모 조직을 통솔하는 영업 매니저의 핵심 직무는 ① 우수한 영업사원의 채용과 육성 ② 고객 세분화 ③ 고객연계관리CRM, Customer Relationship Management 등이다. 의료 관련 연구원이라면, ① 최신 연구에 대한 몰두 ② 연구 결과 발표 ③ 자금 조달 등이다.

이처럼 자신의 분야에서 필요한 서너 가지의 핵심 직무를 인지하고 있다면, 그 직무에 시간과 에너지를 어떻게 배분할지, 직무 수행에 필요한 기술을 어떻게 익힐지 보다 효과적으로 판단할 수 있다. 결과적으로 주어진 직무를 훌륭하게 수행할 수 있다.

그러나 캐플런에게 상담을 요청하는 학생이나 직장인에게 핵심 직무를 서너 가지 말해보라고 하면, 대부분 답하지 못한다고 한다. 의외로 우리는 자기 직업의 핵심 직무를 정확하게 인식하지 못하고 있는지도 모른다. 당신은 어떠한가? 내가 하는 일에서 핵심 직무가 무엇인가? 그 직무를 더 잘 수행하기 위해서 집중해야 할 기술과 역량은 무엇인가?

덧붙여 핵심 직무에 열정을 가지고 있는지에 대해서도 스스로에게 물어봐야 한다고 말한다. 핵심 직무에 열정을 느끼지 못하면, 그 분야에서 성공하더라도 당연히 행복할 수 없다.

캐플런은 또한 사람들은 자신을 회사의 희생양으로 생각하는 경향이 있으므로, '경력 관리는 자기 책임'이라는 의식을 가져야 한다고 역설한다. 요즘은 자신의 출셋길은 스스로 닦아야 한다고 생각하는 사람이 늘어나고 있지만, 여전히 연차에 따르는 인사이동이나 승진만을 노리는 사람도 적지 않다. 이제는 종신고용과 호봉제 인사 제도는 대부분 사라지고 없다. 아이디어를 바탕으로 창업하는 완전히 새로운 체제의 스타트업 기업들이 늘어나고 있고, 기존의 회사들도 젊은 CEO가 취임하거나 합병, 분사로 인해 조직 구조가 급격하게 변하기도 한다. 자기 경력에 책임 의식을 가지고 스스로 길을 개척하지 않으면, 순식간에 도태될 것이다.

캐플런은 자기 경력에 책임 의식을 가지려면, 먼저 현재 자신의 실력과 실적을 평가해야 한다고 강조한다. 그 방법으로 본인의 장점과 단점을 두세 가지씩 써볼 것을 제안한다. 강점을 명확히 인식한다면, 이를 더욱 강화하여 경력 개발에 활용할 수 있다.

반면 단점을 파악하는 데에는 깊은 자기 성찰이 필요하므로, 자신의 약점을 외면하지 않고 마주 보는 용기가 필요하다. 약점은 스스로 모른 체하기 쉽기 때문에, 적어도 동료나 부하 직원 다섯 명 정도와 정기적으로 인터뷰하고 피드백 받는 것을 권장한다. 이러한 피드백 과정은 자신이 인식하지 못했던 단점을 객관적으로 확인할 수 있고, 실제 업무에서 개선할 수 있는 실질적인 방법을 찾을 수도 있다.

갤럽의 조사에 따르면, 자신의 장점을 발휘하며 일하는 사람은 약점을 의식하며 일하는 사람보다 일에 대한 열정과 삶의 즐거움을 세 배로 더 크게 느낀다. 또한 장점을 발휘하는 사람들은 주 40시간의 근무 시간을 즐기며 일하는 반면, 약점을 의식하는 사람은 근무 시간이 20시간을 초과하면 일할수록 지친다는 결과가 나왔다. 이 연구는 개인의 강점을 활용하는 것이 업무 만족도와 지속 가능성에 결정적인 영향을 미친다는 점을 보여준다.

자기 일에 애정을 가지면, 캐플런이 말한 것처럼 "역경을 극복하고 자신의 약점을 직시하여 개선할 수 있는 힘"이 생기며, "있는 힘을 최대한 발휘하고 장시간 노동에도 끄떡없는 에너지를 얻을 수 있다".

　자신의 일을 진심으로 좋아하는 사람이라면 시간 가는 줄 모르고 정신없이 몰입하여 일하다가 밤을 맞이한 경험이 있을 것이다. 물론 야근을 권장하려는 의도는 아니지만, 오늘날 일하는 방식과 환경이 점차 변화하는 시대에, 직무 내용에 따라서는 단순한 노동 시간이 아니라 결과를 평가 기준으로 삼는 것이 더 적절할 수도 있다.

　캐플런이 지적한 대로 중요한 것은 '어떻게 하면 승진하고 성공할 수 있는지'가 아니라 '자신에게 성공의 의미는 무엇인지'에 대해 스스로 묻고 답하는 일이다. 그것이 바로 성공과 행복으로 가는 길이다.

자신의 장례식에서

어떤 이야기를 듣고 싶은지 생각해보라.

— 하워드 스티븐슨(하버드대학교 경영대학원 명예교수)

잠시 멈추고
자신을 돌아보라

커리어는 인생의 여러 역할 속에서 쌓아온 모든 경험을 축적하여 만드는 자신만의 역사다. 우리는 사회의 구성원일뿐만 아니라 노동자로서, 공직자로서, 종교인으로서, 주부로서, 자녀로서, 부모로서, 지역사회를 지탱하는 시민으로서, 때로는 여가를 즐기는 평범한 사람으로서 다양한 역할을 짊어진 채 살아간다. 그리고 그 역할에 따르는 일을 수행하며, 우리는 '인생'이라는 경기장에서 끊임없이 성장하고 있다.

커리어 이론의 개척자 도널드 E. 슈퍼는 커리어를 '인생에서 수행하는 다양한 역할의 조합'이라고 정의하며, 이를

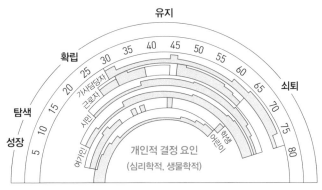

생애진로무지개

환경적 결정 요인
(역사적, 사회경제적)

유지

확립

쇠퇴

탐색

성장

개인적 결정 요인
(심리학적, 생물학적)

생애단계 및 연령

출처: 〈생애발달-생애공간이론〉 ⓒ 1990 도널드 E. 슈퍼

무지개에 비유했다. 그리고 본인이 그 조합에 만족하면 그 커리어는 성공적인 것이라고 말했다.

슈퍼가 제시한 생애진로무지개는 자신을 둘러싼 환경 속에서 스스로 어떤 역할을 수행할 것인지 탐색하고, 그 역할을 무지개 모양의 그래프에 표시해보는 활동이다. 이 모델을 활용하면, 각 역할별로 시작 나이와 종료 나이를 설정하여 자신의 인생에서 언제 어떤 역할을 중점적으로 수행할 것인지 계획해볼 수 있다. 이 모델은 살아가는 동안 만나게 되는 다양한 자신의 역할에 대한 구체적인 계획을 세워볼 수 있다.

슈퍼의 생애진로무지개를 바탕으로, 커리어 카운슬링 분야의 권위자인 서니 샌들 핸슨은 인생에서 우리의 역할은 노동, 사랑, 학습, 여가이며, 이 역할들을 퀼트처럼 짜서 삶을 유기적으로 통합해야 한다고 제안했다.

커리어 형성은 마치 퍼즐 맞추기와 같다. 경험이라는 조각들을 하나씩 맞춰가며 인생이라는 작품을 완성해나가는 과정이다. 시행착오를 겪으며 새로운 조각을 끼워 넣고, 기존의 그림을 수정하고 발전시키면서, 평생에 걸쳐 자신의 커리어와 삶을 구축해나간다.

지금까지 맞춰온 퍼즐 조각은 앞으로의 선택에 영향을 미친다. 우리가 쌓아온 경험, 배움, 관계, 가치관은 새로운 기회를 선택하는 기준이 된다. 중요한 것은 이 퍼즐을 맞추는 주체는 바로 '자신'이라는 점이다. 스스로 새로운 조각을 선택하여 인생을 만들고 변화시켜 나갈 수 있다. 커리어는 단순히 정해진 길을 따라가는 것이 아니라, 우리가 직접 선택하고 만들어가는 과정인 것이다.

하버드대학교 경영대학원 교수로 재직한 하워드 스티븐슨도 인생을 퍼즐에 비유하며 학생들과 후배들의 커리어에 관해 코칭했다. 스티븐슨은 미국 경영학계의 살아 있는 전설이자 하버드 경영대학원 최고의 교수로, '기업가 정신'을 학문의 영역으로 끌어올린 개척자로 오랫동안 존경받고 있다. 스티븐슨의 제자이자 액세스 월드와이드Axcess Worldwide 광고회사의 공동 창립자인 에릭 시노웨이Eric Sinoway는 그와의 대화를 정리해《하워드의 선물Howard's Gift》이라는 책을 썼다. 스티븐슨은 이 책 안에서 '후회 없는 삶을 살아가는 법'을 가르쳐주는 스승으로 등장한다.

스티븐슨은 "한 개의 조각에만 몰두하다 보면 그것이 전체 그림에 어떻게 들어맞는지를 고려하지 않게 되고, 결국 문제가 발생한다"라고 말했다. 그는 직업 관련 상담을 하다 보면 매우 좋은 조건의 제의를 받고 이직했지만, 금방 그만두는 사람들을 종종 만난다고 했다. 언뜻 보기엔 좋은 조건처럼 보여도 업무가 자신의 기대를 만족시키지 못하면, 그 일은 인생의 퍼즐에 맞지 않는 조각이다. 그 결과 선택한 조각을 다시 버릴 수밖에 없게 된다.

스티븐슨은 "새로운 조각을 선택할 때는 퍼즐의 전체 그림, 적어도 전체 틀을 보지 못하면 올바른 조각을 고를 수 없다"라고 설명한다. 자신이 어떤 사람인지, 인생에서 무엇을 원하는지 먼저 파악하고 나서 조각을 선택해야 한다. 그렇지 않으면 잘못된 선택으로 인해 시간과 에너지를 낭비하게 될지도 모른다.

때때로, 어떤 사건을 계기로 우리가 믿고 있던 인생의 퍼즐 틀이 무너질 때도 있다. 예상치 못한 변화나 도전이 닥치면, 기존의 가치관과 목표가 흔들리며 새로운 방향을 모색해야 하는 순간이 찾아온다. 이에 대해, 스티븐슨은 "삶은 항상 진화하고 있으므로, 우리의 틀도 유연하게 변화해야 한다"고 주장했다. 그는 자신의 인생 비전을 명확히 하기 위한 방법으로 '끝에서 시작하는 생각'을 제안한다. 즉, 자신의 장례식에서 어떤 이야기를 듣고 싶은지를 상상해 보는 것이다. "사람들이 자신을 어떻게 기억하길 바라는가? 어떤 가치와 성취를 남기고 싶은가?" 이러한 질문을 통해, 현재의 삶이 진정 원하는 방향으로 가고 있는지 돌아볼 수 있다. 결국, 미래의 끝을 떠올리는 과정은 우리가 지금 무엇을 해야 할지를 깨닫게 하는 강력한 도구가 될 수 있다.

장례식에서 어떤 평가를 듣고 싶은지를 생각하는 것은 '인생의 마지막 순간 어떤 모습으로 남고 싶은지, 무엇을 남길 것인지'를 생각하는 것과 같다. 목적지를 명확히 알고 있으면 그곳에 도달하는 길을 더욱 쉽게 찾을 수 있다. 방향이 설정되면 불필요한 방황을 줄이고 더 효율적으로 목표를 향해 나아가게 된다. 더 편안하고 행복하게 인생의 길을 걸어가는 것이다.

시노웨이 역시 "스티븐슨 선생의 조언 덕분에 인생에서 남기고 싶은 것에 대해 생각해보게 되었고, 지금 하고 있는 일이 얼마나 중요한지 깨달았다"라고 회고했다.

인간에게는 삶의 증거를 남기고 싶은 근원적 욕구가 있다고 한다. 자신이 어떤 사람이며 무엇을 남기고 싶은지 생각하는 것은 결국 자신의 근원적 욕구와 마주하는 과정이다. 스티븐슨은 "어떤 사람이 되고 싶은지는 그 사람의 가치관을 나타낸다"라고 말하며, 삶의 기회를 제대로 활용하려면, 자신의 가치관을 기반으로 한 비전을 설정해야 한다고 조언한다. 자신이 어떤 사람이 되고 싶은지를 생각하는 방법은 여러 가지가 있지만, 그중에서도 '잠시 멈추고 차분히 생각하는 것'이 가장 효과적이다.

인생의 중요한 선택이나, 전환점을 맞이할 때마다 자신의 장례식에서 듣고 싶은 이야기를 떠올려보자. 이 질문은 우리의 선택과 방향을 다시 한번 점검하는 나침반이 될 것이다. 결국 인생은 세상에서 하나뿐인 그림을 그려가는 과정이다. 깊은 성찰을 통해 자신만의 비전과 가치관을 확립하면 더욱 풍요롭고 의미 있는 삶을 만들어갈 수 있다.

진정한 가능성은

행동을 통해서 발견된다.

— 허미니아 아이바라(前 하버드대학교 강사 / 런던경영대학원 교수)

시행착오는
새로운 길을 찾는 기회다

　탈 벤 샤하르는 천직을 발견하려면, '하지 않고는 살아갈 수 없는 것'에 대해 성찰하는 자세가 필요하다고 말했다. 그리고 우리 내면의 목소리에 차분히 귀를 기울이면, 그 목소리가 천직으로 안내해줄 것이라고 설명했다. 나 역시 벤 샤하르의 말에 깊이 공감한다. 자신이 진정으로 원하는 것이 무엇인지 탐색하는 과정에서, 내면의 소리를 듣는 것은 매우 중요한 단계다. 하지만 내면의 목소리를 듣는 것은 단순한 성찰만으로 이루어지지 않는다. 그 과정에서 시행착오도 반드시 필요하다. 다양한 경험을 통해 무엇이 자신에게 맞고 맞지 않는지를 확인하고, 실수를 통해 성장하면 천직을 찾을 수 있게 될 것이다.

"진정한 가능성은 행동을 통해서 발견된다"라고 말한 사람은 허미니아 아이바라Herminia Ibarra이다. 그는 13년간 하버드대학교 경영대학원에서 교편을 잡은 후, '유럽경영대학원'으로도 불리는 프랑스 인시아드INSEAD의 교수로 재직했고, 현재는 런던경영대학원London Business School의 교수로 재직 중이다.

아이바라는 자신의 본질을 현실적으로 이해하기 위해서는, 내면을 깊이 들여다보기 이전에 먼저 행동해보는 것이 중요하다고 강조했다. 생각만으로는 알 수 없는 부분들이 실제 경험 속에서 구체화되기 때문이다. 그는 행동을 통해 자신이 어떤 상황에 끌리는지, 무엇에 열정을 느끼는지를 몸으로 체득해야 비로소 진정한 자기 이해가 가능하다고 보았다.

직접 부딪히고 도전하며 경험을 쌓는 과정은, 단순히 기술이나 지식을 익히는 데 그치지 않는다. 자신의 가능성을 확장하는 여정이자, 외부 세계와 상호작용하며 타인의 인정과 피드백을 통해 자기 정체성을 다듬어가는 과정이기도 하다. 이러한 실천의 반복 속에서, 우리는 내가 진정으로 원하는 바가 무엇인지 더 명확하게 깨닫게 된다.

커리어 전환은 지금까지 쌓아온 경험과는 전혀 다른 분야로 나아가는 과정이다. 아이바라에 따르면, 이는 단순히 새로운 일을 선택하는 것이 아니라 '직업 정체성을 수정하는 동시에, 자신을 변화시키는 과정'이다. 직업 정체성이란, 자신이 직업인으로서 어떤 사람인지 정의하는 것, 타인에게 어떻게 비춰질지를 인식하는 것, 궁극적으로 직업인으로서의 삶을 어떻게 살아갈지를 고민하는 것이다.

즉, 커리어 전환은 단순한 직업의 변화가 아니라, 자신을 재정의하고, 새로운 정체성을 확립하는 과정이라고 할 수 있다. 이 과정에서 우리는 자신의 가치관과 목표를 다시 정립하고, 더 나은 방향으로 성장할 기회를 얻게 된다.

직업 정체성은 직업인으로서 살아가는 동안 매우 천천히 그리고 자연스럽게 변화한다. 이러한 변화는 본인조차도 알아채기 어려울 만큼 점진적으로 변화한다. 반면 변화를 향한 간절한 소망을 외면할 수 없는 시기가 찾아온다. 이 시점에서 사람들은 변화에 대한 고민으로 인해 아무런 행동도 취하지 못하는 상태에 빠질 수 있다. 혼란과 두려움이 선택을 주저하게 만들고, 자신의 정체성과 방향성에 대한 의문이 생기기도 한다.

그럴 때 아이바라는 "우리의 자아상은 무수히 많으므로, 현재의 정체성을 다른 것과 교환하는 것이 아니라 커리어 전환을 과도기로 간주해야 한다. 이 과정에서 다양한 가능성을 탐구하고, 점진적으로 수정해나가는 태도가 필요하다"라고 조언한다.

또한 직업 정체성은 '새로운 활동을 통해 지금까지 만나본 적 없는 사람들과 만나고, 새로운 롤모델을 발견하여, 자신의 이야기를 주위 사람들에게 들려주는 일'로도 바꿔 말할 수 있다. 즉, 커리어 전환의 전략은 시간과 에너지의 대부분을 사고가 아닌 행동에, 계획이 아닌 실행에 쏟는 것이다.

그러나 이직이나 창업과 같은 커리어 전환은 인생에서 중요한 결정이기에, 실행에는 큰 용기가 필요하다. 새로운 기회가 더 나은 라이프워크가 될지 확신할 수 없고, 막상 시작하고 나서 예상치 못한 현실과의 괴리감을 느끼게 될까 봐 걱정하는 것은 자연스러운 일이다. 이러한 두려움과 불확실성 속에서, 결심은 쉽게 흔들리기 마련이다. 그러나 모든 변화에는 리스크가 따르며, 그것을 감수하는 용기가 있어야만 새로운 가능성을 열 수 있다. 성공적인 커리어 전환을 위해서는 완벽한 확신을 기다리기보다, 실행하면서 배워 나가는 태도가 필요하다.

이러한 불안감을 줄이기 위해서는 철저한 정보 수집과 단계적인 접근이 필요하다. 해당 직업을 가진 사람을 인터뷰하여 실질적인 정보를 모은다. 현장에서 실제로 일하는 사람들의 경험담은 직업의 현실적인 장단점을 이해하는 데 큰 도움이 된다. 학생이라면 인턴십이나 아르바이트를 통해 직업을 직접 체험해볼 수 있다.

아이바라는 갑자기 직업을 바꾸기보다 먼저 작은 실험을 해보기를 권한다. 학생뿐만 아니라 성인도 부업, 자원봉사, 기간 한정 아르바이트 형태로 경험해보거나 관련 강의를 듣거나 자격증을 따는 방법도 있다. 이렇게 하면 불확실성을 줄이고, 자신이 정말 원하는 방향인지 확인할 수 있다. 실제 경험을 통해 얻은 통찰은 단순한 고민보다 훨씬 더 강력한 자신감을 준다.

아이바라에 따르면 커리어 전환을 위한 시험에는 두 단계가 있다. 첫 번째는 '상황을 지켜보는 단계'이고, 그다음은 '확인하는 단계'다. 전자는 감각을 익히기 위한 목적으로 업계나 기업 관련 정보를 수집하고 인맥을 쌓거나 전문가에게 물어보는 단계다. 자신이 흥미를 느끼는지, 잘할 수 있을지, 필요한 수입을 얻을 수 있을지 스스로 답을 찾아야 한다.

상황을 살펴보는 단계에서 여러 선택지 중 우선순위를 정했다면 확인 단계로 넘어간다. 상황을 지켜보는 기간이 너무 길면 변화에 대해 방어적인 태도를 취하게 되고, 주변에서도 진정성을 의심하게 되므로, 적당한 시기에 다음 단계로 넘어가야 한다는 점을 꼭 명심해야 한다.

아이바라의 말대로 경험을 쌓아야 자신이 원하는 바를 알 수 있다. 다만 생각 없이 하는 경험은 무의미하다. 경험을 통해 얻은 배움을 음미하고, 의미를 발견하는 과정이 필수적이다. 아이바라도 선택은 직관적으로 하되 생각은 논리적으로 할 것을 제안했다.

직업을 바꿀 때, 우리는 자신도 모르게 적성이나 근무 조건으로 선택지를 평가하기 쉽다. 그러나 소울워크를 찾기 위해서는 마음이 움직이는지, 열의가 느껴지는지 스스로를 관찰하면서 동기와 열정을 꾸준히 묻고 현실을 직시해야 한다.

"그 일에서 의미와 즐거움을 느낄 수 있는가?"
"그 의미는 무엇인가?"

자기 성찰과 시행착오를 반복하면서 자신이 진정으로 원하는 바를 찾아 나가도록 하자.

사람은 누구나

자신만의 이야기를 가지고 있다.

— 허미니아 아이바라(前 하버드대학교 강사 / 런던경영대학원 교수)

기존의 자아와
새로운 자아를 연결하라

허미니아 아이바라에 따르면, 커리어 전환기에 해결해야 하는 문제 중 하나는 기존의 자아와 새로운 자아를 연결하는 이야기를 만들어내는 것이다.

인생의 여러 사건을 이야기로 엮는 접근법이 있다. 커리어 카운슬링 분야에서는 마크 L. 사비카스Mark L. Savickas가 커리어 구성이론을 제시하며, 이야기 접근법Narrative Approach에 따른 경력 확장이 중요하다고 제안했다. 아이바라는 "사람은 누구나 자신만의 이야기를 가지고 있다"며, 현재와 과거를 잇는 설득력 있는 이야기를 만들어 자신의 커리어를 '이해할 수 있는 말로 설명하라'고 조언한다.

예를 들어 지금까지 내가 거쳐온 직업을 시간 순으로 열거하면 비서, 카피라이터, 경영 컨설턴트, 인재 개발 프로듀서, 워크스타일 디자이너다. 처음 보면 각 직업이 서로 별다른 관련성이 없어 보인다. 하지만 나는 이 직업들을 둘러싼 이야기를 이해할 수 있는 말로 설명할 수 있다.

비서에서 카피라이터로 진로를 변경한 이유는 학생 시절부터 품어온 꿈을 실현하고 싶어서였다. 입사 후 1년 만에 퇴직을 결심한 것은, 내가 진정으로 열정을 느끼는 일을 찾고 싶었기 때문이다. 카피라이터를 그만두고 경영 컨설턴트로 이직할 때는 광고 대리점에서 쌓은 리서치 노하우와 분석력을 더 깊이 활용할 수 있기를 기대했다. 더 넓은 비즈니스 세계를 이해하고 싶은 열망이 있었기에, 은행권 종합연구소에 입사하여 경영 컨설팅 업무에 도전하게 되었다.

그곳에서는 미래도 설계하기 시작했다. 연구소에서 쌓은 경험과 경력을 바탕으로, 언젠가는 나만의 회사를 세우겠다고 결심했다. 그리고 입사한 지 5년쯤 되었을 때부터, 어떤 사업을 시작할지에 대해 진지하게 고민하기 시작했다. 하지만 당시 근무 조건에 큰 불만이 없었고, 젊은 컨설턴트로서 경험을 쌓기에 최적의 직장이었기에, 내 계획은 좀처럼 진행되지 않았다.

아이바라는 직업을 바꾼 사람들의 경험담을 들어보면, 대개 예기치 못한 순간에 상황의 앞뒤가 딱 들어맞는 순간이 찾아온다고 했다. 나 역시 생각지도 못한 때에 그런 순간이 찾아왔다.

어느 날, 조직 개편이 이뤄지면서 부문장이 바뀌고 새로운 방침이 세워졌다. 그 방침에 적응하기 힘들었던 나는 점점 일에 싫증을 느끼기 시작했다. 그러던 어느 날 구인·구직 웹사이트에서 연봉 진단을 받았다. 이직하면 어느 정도 연봉으로 채용될 수 있는지 알아보는 진단이었다. 창업이 목표였기 때문에 이직할 생각은 없었지만, 시장에서 나의 가치가 얼마나 되는지 알고 싶었다.

내심 지금 받는 연봉보다 더 높은 결과를 기대했지만 놀랍게도 정확히 현재와 같은 액수가 나왔다. 살짝 실망스럽기도 했지만 이직해도 수입은 똑같다고 생각하자 묘하게 속이 시원하기도 했다. 결국 나는 퇴사 후 회사를 차리기로 결정했다. 다만 무슨 일을 할지, 앞으로 어떻게 할지는 여전히 미정이었다. 그래도 회사를 세우겠다는 마음은 변함 없었다.

그러던 중, 우연히 미국에서 막 도입된 커리어 카운슬러 자격증에 대해 알게 되었다. 컨설팅 업무를 하며 이미 커리어 개발에 관여하고 있었기에, 자연스럽게 관심이 생겼다.

문득 나도 구직 활동을 하면서 우왕좌왕했던 기억이 떠올랐다. 누구와 상의하면 좋을지, 어디에서 정보를 얻을 수 있는지 짐작조차 하기 어려웠을 때, 커리어 카운슬러라는 전문가가 있었다면 좋았겠다는 생각이 들었다. 내가 가진 경험과 지식이 누군가의 인생에 실질적인 도움이 되길 바라며, 커리어 카운슬러라는 길이 내가 찾던 방향일지 모른다는 확신이 들었다.

이직한 사람들의 경험담에는 변화를 촉진하는 중요한 순간이 등장한다. 아이바라는 많은 사람이 문제를 인식하면서도 제자리걸음만 반복하다가 예상치 못한 사건을 계기로 새로운 아이디어가 떠오르고, 그 사건을 시발점으로 상황을 타개하는 경우가 많다고 한다. 이러한 전환점은 단순한 사건처럼 보이지만, 개인의 이야기를 새롭게 재구성하는 중요한 역할을 한다. 나에게 계기를 마련해준 사건은 웹사이트에서 연봉 진단을 받은 일인 것이다.

10년 11개월 동안 지속해온 경영 컨설턴트라는 직업에 종지부를 찍고, 이튿날부터 인재 개발 프로듀서라는 직함을 내걸고 개업했다. 이 직함은 인재 육성 시스템을 구축하는 사람이 되겠다는 커리어 비전(직업에 대한 이상적인 미래상)을 표명한 것이었다.

아이바라가 "통찰은 원인이 아니라 결과다. 다양한 기대와 불만이 구체화되는 것은 목적지에 가까워졌을 때이며, 변화의 여정을 초조해하면서도 열심히 전진한 결과"라고 지적했듯이, 내가 통찰력을 얻게 된 시점은 창업을 구체적으로 고민하기 시작한 지 약 5년 후였다. 분명 목적지에 근접해 있었을 때였다.

커리어 전환은 우연히 일어나는 일이 아니다. 스스로 만드는 것이며, 기존의 자아와 새로운 자아를 잇는 이야기를 만들어내는 일에서부터 시작된다. 직업을 바꿀 때는 단순히 새로운 직무를 선택하는 것이 아니라, 과거의 경험과 배움을 하나의 커리어 이야기로 엮어내는 작업이 필요하다.

직업을 선택하고 성공하는 것은

삶의 목적을 달성하기 위한 수단에 지나지 않는다.

—클레이튼 M. 크리스텐슨(前 하버드대학교 경영대학원 교수)

삶의 목적을
찾아라

《혁신기업의 딜레마The Innovator's Dilemma》로 유명한 클레이튼 M. 크리스텐슨은 하버드대학교 경영대학원의 교수를 지냈던 인물이다. 그는 매년 마지막 강의에서 하버드대학교 경영대학원의 동창회 이야기를 한다. 하버드대학교의 동창회는 5년에 한 번씩 호화롭게 열린다. 크리스텐슨이 졸업 후 처음으로 참석한 동창회는 유난히 출석률이 높았다. 직장과 가정 모든 면에서 성공한 동창생들은 마치 특별한 삶을 살아갈 운명을 부여받은 사람들처럼 보였다고 한다.

그런데 그로부터 5년 뒤, 동창회에 가보니 보고 싶었던 친구 몇 명의 얼굴이 보이지 않았다. 그들의 사정을 알아보니, 사회적으로는 성공했지만, 이혼해 아이와도 떨어져 지내는 등 불행하게 살고 있었다. 시간이 지날 때마다 참석하지 못한 동창생들의 이야기는 점점 비극적으로 변했다. 졸업 25년 후, 30년 후 동창회에서는 동기생이 엔론 사태(미국의 에너지 기업 엔론이 분식 회계를 했다는 사실이 밝혀지면서 사회적으로 큰 파장을 일으켰고 결국 회사가 파산한 사건)로 복역한 사실을 듣고 충격에 빠졌다. 이런 일은 하버드대학교뿐만 아니라 옥스퍼드대학교 시절의 친구들에게도 일어났다. 행복과 성공을 보장받은 듯 보였던 친구들이 사회적 지위가 높아질수록 예상치 못한 문제에 휘말리는 모습을 보았다. 어떤 친구는 거대한 스캔들에 연루되었고, 또 다른 친구는 이혼을 겪었으며, 심지어 미성년자 성매매로 복역한 경우도 있었다.

그는 학창 시절 그들이 좋은 친구들이었다고 회고했다. 하지만 마치 일부러 그릇된 길로 빠져들기로 작정이라도 한 것처럼 그들은 인생의 방향을 잘못 설정했다. 크리스텐슨은 사회적 성공이라는 가면 아래에서 그들 중 대다수가 일을 즐기지 못했다고 평하며, 그들이 겪은 시련의 원인은 근시안적 태도라고 꼬집었다.

하버드대학교 경영대학원 졸업생들과 같이 사회적 목표가 높고 달성 동기가 강한 사람들은, 넘치는 시간과 에너지를 무의식적으로 성과가 잘 드러나는 활동에 배분한다. 그래서 당장 눈앞에 성과가 보이는 사업이나 프로젝트에 몰두하게 된다. 사회적 성공이나 경력 개발과 같이 빠르게 보상받을 수 있는 일에 에너지를 쏟는 것이다. 반면 배우자와 원만한 관계를 형성하거나 아이를 바르게 양육하는 것과 같이 성과가 즉각적으로 드러나지 않는, 시간이 걸리는 일들은 종종 뒷전으로 밀리게 된다. 결국 이러한 영역에서 문제가 발생하고, 장기적으로 개인의 행복과 만족도에 부정적인 영향을 미칠 수 있다.

그는 '삶의 명확한 목적을 가지는 것은 반드시 필요한 일'이며, '목적이 없으면 키도 없이 배를 몰고 나가 인생의 풍랑에 휩쓸리는 것'과 같다고 말했다. 그래서 그는 매년 마지막 강의에서 제자들에게 다음과 같은 세 가지 질문을 던진다.

1. 어떻게 하면 자신의 일에서 행복을 찾을 수 있을까?

2. 어떻게 하면 배우자 혹은 가족과 행복하게 지낼 수 있을까?

3. 어떻게 하면 감옥에 가지 않고 살 수 있을까?

크리스텐슨은 '하버드대학교 경영대학원에서 발견한 가장 중요한 점은 삶의 목적을 이해하려면 시간을 들여야 한다는 사실'이라며, 학생들도 언젠가는 그 점을 깨달을 것이라고 말해왔다.

그는 2007년 11월 심장질환으로 쓰러진 후 암과 뇌졸중을 연이어 앓고, 교수에게는 치명적인 대화 능력 장애도 안게 되었다. 한때는 자신에게 불어 닥친 불행을 한탄하고 우울증에도 빠졌지만, 곧 그는 자신의 상황과 불행에만 집중하다 보니 남을 돕고 봉사하는 일을 완전히 잊고 있었다는 사실을 깨달았다.

그동안 그는 자신의 문제와 욕구, 자신에게 필요한 것에만 골몰하고 있었다. 자신이 불행한 이유는 본인의 자기중심적 사고 때문이었다. 그리고 생각했다.

"행복은 봉사 속에 있다는 진실은 변하지 않는다."

크리스텐슨의 "직업을 선택하고 성공하는 것은 삶의 목적을 달성하기 위한 수단에 지나지 않는다"라는 말을 진중하게 받아들여, 무엇을 위해 일하는지 스스로에게 다시 한번 물어봐야 한다.

당장 명확한 답을 내리기 어려울 수도 있다. 그러나 그럴수록 멈추지 말고, 그가 제안한 세 가지 질문에 대해 깊이 고민할 필요가 있다. 이 질문들에 대한 답을 찾는 과정은 껍데기뿐인 삶이 아니라 진정한 의미를 가진 삶으로 나아가는 길이다. 하늘이 내려준 생명의 의미를 끊임없이 고민하며, 내가 왜 일하고, 무엇을 위해 살아가는지를 발견해나가야 한다.

4장

목표가
행복을
이끈다

인생에서 목표의 역할은 우리를 해방하는 것이다.

— 탈 벤 샤하르(前 하버드대학교 강사)

행복을 부르는
목표 설정

　행복하기 위해서는 삶의 목적이 반드시 필요하다. 행복과학 연구자들은 물론, 하버드대학교 경영대학원 교수들도 입을 모아 삶의 목적을 살펴보라고 조언한다.

　'목적'을 추구하는 데 이정표 역할을 하는 '목표'를 설정하는 것도 중요한 과제다. 목표가 성과를 이끌어낸다는 사실을 보여주는 데이터 Locke Latham, 2002 는 경영계에서 꽤 알려져 있으며, 목표 달성도와 행복감의 상관성을 보여주는 데이터 Brunstein, Schultheiss, Grassmann, 1998 도 있다.

　하버드대학교 최고 인기 강의를 담당한 탈 벤 샤하르는 "지속 가능한 행복을 얻기 위해서는 목표를 가져야 한다"

라고 말했다. 그의 말에 따르면 목표 설정은 단순한 계획이 아니라, 스스로에게 '말로 약속하는 것'이다. 말에는 더 나은 미래를 창조하는 힘이 있다. 따라서 아무리 과감하고 장대한 목표라 할지라도, 말로 표명하는 순간 달성 가능성은 반드시 높아진다.

목표를 말로 표현하는 순간, 우리의 의식과 무의식이 자연스럽게 그 목표에 집중하게 된다. 이는 목표 달성을 위한 자원과 기회를 더 잘 인식하게 하고, 그 목표를 이루기 위한 경로를 찾는 능력을 향상시키는 역할을 한다. 또한, 스스로에게 한 약속은 강한 책임감을 부여하며, 이를 실천하려는 내적 동기를 강화하는 효과를 가져온다. 말로 표현된 목표는 단순한 생각에 그치지 않고, 행동으로 이어질 수 있는 원동력이 된다. 목표를 명확하게 정의하고 선언하는 것은 성공적인 실행을 위한 첫걸음이 된다.

그는 토머스 에디슨Thomas Edison이 거듭된 실험 실패에도 기한 내에 전구를 발명한 사례나 존 F. 케네디가 기술 개발이 완료되지 않았음에도 인류 최초로 달에 사람을 보내겠다고 선언한 사례를 들었다.

위대한 발명뿐만 아니라 일상에서도 목표의 힘을 실감하는 일은 적지 않다. 내가 NPO(Non Profit Organization) 법인 설립을 결심했을 때, NPO에 관한 신문 기사가 넘쳐난다는 사실에 놀란 적이 있다. 얼마 전까지만 해도 무심코 넘겼던 NPO 기사에 저절로 눈길이 갔다. 이런 현상은 뇌과학으로도 설명될 수 있는 뇌의 기능이다. 목표가 명확하면 뇌는 그 목표를 달성하기 위해 풀가동하기 시작한다. 이전에는 눈에 들어오지 않던 정보도 목표와 연관성이 있다면 더 쉽게 인식된다. 뇌는 달성을 위한 데이터를 적극적으로 탐색하기 시작한다.

16세의 나이에 스쿼시 챔피언이 된 벤 샤하르가 목표를 달성했음에도 행복해지지 못하고 공허감에 빠진 일화는 앞에서 말한 바 있다. 그로부터 몇 년 후 그는 '어떤 목표를 정하고, 그 목표가 삶에서 어떤 역할을 하는지'가 중요하다는 점을 깨달았다. 그리고 '목표의 역할은 우리를 해방하는 것'이라고 말했다. 목표가 명확한 사람은 목적지가 분명한 여행자와 같다.

지금 내가 어디에 있는지, 그리고 어디로 향하고 있는지를 아는 것만으로도 우리는 불안과 걱정에서 벗어날 수 있다. 분명한 방향을 가지고 있다면, 길을 잃을 걱정에 사로잡히지 않고 주어진 순간을 더 온전히 경험할 수 있다. 결국, 자신의 방향을 인식하는 것은 단순한 목표 설정을 넘어, '지금 이 순간' 현재를 충만하게 살아가는 힘이 된다.

한때 세계 랭킹 4위까지 올라갔던 테니스 선수 니시코리 케이錦織圭는 2010년 수술 후 자신의 블로그에 '과거만 계속 돌아보다가 문득 눈앞에 있는 목표에 집중하니 성가신 일은 모두 사라졌다'라는 말을 남겼다. 길 끝에 있는 목표가 명확하면 방황, 두려움, 걱정 없이 마음이 해방되어 힘든 상황마저 즐길 수 있다.

경영계의 관점에서 뛰어난 목표는 아래와 같다.

1. 구체적이다.

2. 실현 가능하다.

3. 기한이 있다.

4. 달성 수준을 평가 혹은 측정할 수 있다.

그러면 행복을 가져오는 목표란 어떤 것일까? 지금부터는 행복을 위한 목표와 목표 설정의 방법에 대해서 알아보자.

행복한 사람은 자신만의 목표와
실행 계획을 가지고 있다.

—소냐 류보머스키(하버드대학교 졸업 / 캘리포니아대학교 교수)

의미 있는 목표의
세 가지 조건

　대부분의 직장인들은 연봉 인상이나 승진과 같은 경제적 또는 사회적 성공을 목표로 삼는다. 물론 돈과 지위를 중시하는 가치관이 잘못된 것이라는 뜻은 아니다. 더 높은 차원의 목적을 이루기 위한 수단으로, 이러한 중간 목표를 설정하는 사람도 있다. 하지만 경제적 혹은 사회적 성공 자체를 최종 목표로 삼으면, 탈 벤 샤하르가 이야기한 햄버거 모델 중 '성취주의'에 빠져 진정한 행복과 멀어진다는 사실을 앞에서 확인했다.

　진정한 행복은 일상의 즐거움과 삶의 의미를 함께 느끼는 경험이다. 그러므로 두 요소를 모두 가져오는 성공이 진정한 성공이라면, 목표 역시 즐거움과 의미를 담고 있어야 한다. "행복한 사람은 자신만의 목표와 실행 계획을 가지고 있다"라고 말한 사람은 소냐 류보머스키이다. 그는 목표가 있더라도 의욕과 열정이 없으면 먼저 의욕과 열정을 키워야 하고, 잘못된 목표를 따라가고 있다면 지속적인 행복을 누릴 수 있는 목표를 우선적으로 찾아야 한다고 주장한다.

더 큰 행복과 성공을 얻기 위한 바람직한 방법은 '자신을 고취시키는 의미 있는 목표를 찾아 노력하는 것'임을 보여준다. 류보머스키가 제안하는 의미 있는 목표란 다음과 같다.

- 스스로 선택한 목표여야 한다.
- 회피형 목표보다 접근형 목표여야 한다.
- 새로운 활동에 도전하는 목표여야 한다.

'스스로 선택한 목표'란 타인의 강요나 사회적 통념에 따르지 않고 자신이 진심으로 원해서 정한 목표를 의미한다. 나는 이러한 목표를 '내적 기준에 따른 목표'라고 부른다. 우리는 은연중에 부모, 상사, 배우자와 같은 타인의 기대나 사회 규범에 입각한 목표를 설정하고 있다. 그런 목표는 '외적 기준에 따른 목표'이다.

학생이 명확한 동기도 없이 유명 기업이나 대기업에 취직하고 싶어 하는 것은 외적 기준에 따른 목표의 전형적인 예이다. 외적 기준에 따른 목표는 진정한 행복을 주지 못한다. 그 목표는 자신이 진심으로 원하는 바가 아니기 때문이다.

'회피형 목표'는 특정 결과를 피하기 위한 목표이며, '접근형 목표'는 특정 결과를 얻기 위한 목표다. 몇몇 연구에 따르면 회피형 목표는 의욕과 성공에 부정적 영향을 미치지만, 접근형 목표는 긍정적 영향을 주는 것으로 알려졌다. 류보머스키는 동일한 목표라도 방법에 따라 회피형 목표가 될 수도 있고 접근형 목표가 될 수도 있다고 말한다.

- 식습관을 개선하여 살찌지 않겠다 → 회피형 목표
- 식습관을 개선하여 건강해지겠다 → 접근형 목표

무언가를 피하기 위한 목표보다는, 무언가를 얻기 위한 목표를 설정할 때 성과를 더 쉽게 달성할 수 있다.

마지막으로 '새로운 활동에 도전하는 목표'는 환경을 바꾸는 것이 아니라 새로운 활동을 추구하는 목표다. 환경을 바꾸는 목표의 예로는 전자 제품을 최신 모델로 바꾸거나 더 좋은 집으로 이사하는 것 등이 있다. 반면 새로운 활동을 추구하는 목표는 들새를 관찰하는 모임에 들어가거나 외국어 회화 학원에 다니는 등 새로운 도전과 기회를 지향하는 목표이다. 새로운 도전과 기회를 통해 개인의 경험과 역량을 확장한다.

　　환경을 바꾸는 목표는 일시적인 만족감을 줄 수 있지만, 새로운 활동을 추구하는 목표는 개인의 성장을 촉진하고 장기적인 만족과 행복을 가져온다. 따라서 지속적인 행복을 위해서는 새로운 활동에 도전하고 이를 통해 삶의 의미와 즐거움을 발견하는 것이 중요하다.

　　류보머스키는 켄 셸던Ken Sheldon과 함께 새로운 활동을 추구하는 목표와 환경을 바꾸는 목표의 효과를 비교하는 실험을 진행했다. 6주 후, 두 그룹 모두 실험 전보다 더 행복해졌다고 응답했다. 그러나 12주 후, 여전히 행복하다고 응답한 그룹은 새로운 활동을 시작한 그룹뿐이었다.

　　환경을 바꾸는 목표에는 쾌락적응의 위험성이 있다. 행

복에 익숙해지면서 초기의 행복감이 점차 줄어드는 것이다. 새로운 환경이나 조건에 적응하게 되면 행복감은 지속되지 않는다. 따라서 환경을 바꾸는 목표에서는 쾌락적응을 경계해야 한다. 쾌락적응에 대한 대처 방법은 다음 내용에서 알아볼 예정이다.

진정한 행복을 가져오는 목표를 세우기 위해서는 먼저 자신의 내적 기준을 알아야 한다. 내적 기준을 파악하는 것은 결코 쉬운 일이 아니며, 류보머스키는 이를 위해 '자의식과 감성지능'이 필요하다고 말한다. 내적 기준을 파악하는 데 도움이 되는 관점 역시 다음 글에서 살펴볼 예정이다.

가슴에 손을 얹고 내면의 소리에 귀 기울이자. 자신이 진심으로 원하는 바를 발견하고, 그것을 향해 나아가는 것이 진정한 성공과 지속 가능한 행복을 가져온다.

보수를 받지 못하더라도

하고 싶은 일이 무엇인지 생각해보라.

─ 마이클 E. 포터(하버드대학교 경영대학원 명예교수)

목표를 확신하는
궁극의 질문

2008년 세계적인 금융 위기의 방아쇠를 당긴 리먼 사태 직후, 한 영국인 저널리스트가 '자본주의의 사관학교'라고도 부르는 하버드대학교 경영대학원에서 겪은 유학 체험기를 출간했다. 《하버드 경영학 수업 What They Teach You at Harvard Business School》이라는 제목으로 출간되자마자 〈뉴욕타임즈 The New York Times〉의 베스트셀러에 이름을 올렸다. 일본에서도 이듬해 《하버드대학교 경영대학원: 불행한 인간의 제조 공장》이라는 충격적인 제목으로 발간되어 MBA 취득을 꿈꾸는 사람들에게 경종을 울렸다.

저자인 필립 D. 브러턴 Philip D. Broughton 은 2004년부터 2년

동안 하버드대학교 경영대학원에서 유학하던 시절의 경험을 신랄하고도 유머 넘치는 필치로 그려내고 있다. 그가 졸업한 2006년은 저소득층에게 높은 이자로 주택담보대출을 해준 서브프라임 모기지 문제가 세상에 드러난 직후였다.

이 책을 읽다 보면 금융 위기를 일으킨 장본인이라고 할 수 있는 하버드대학교 경영대학원 졸업생들과 관계자들의 입장이 현실적으로 와닿는다. 도서 리뷰 중에는 이런 내용도 있었다. '하버드대학교 경영대학원은 너무도 사실적인 이 책의 내용에 반발하여 학교 근처의 서점에서 이 책이 학생들의 눈에 띄지 않도록 치워버리고 싶을 것이다.' 브러턴의 말에 따르면, 하버드대학교 경영대학원에서 성공은 금전적 성공을 뜻하며, 진정한 부자의 기준은 자가용 제트기의 소유 여부였다고 한다.

자가용 제트기를 소유할 정도는 아니지만, 우리 역시 크든 작든 금전적 성공을 갈망한다. 어린 시절, 전화, 자동차, 텔레비전이 아직 널리 보급되지 않았던 고도성장기 초반, 우리 집에는 세 가지 모두 있었다. 특별히 부유한 가정은 아니었지만, 전화와 자동차는 아버지의 업무상 필요로 구입한 것이었고, 텔레비전은 할머니가 어린 나에게 선물로

준 것이었다.

작은 단층집이었지만, 이웃들이 전화를 사용하러 오거나 동네 아이들이 텔레비전을 보러 오는 일이 일상이었기에, 나는 우리 집이 꽤 넉넉한 편이라고 생각했다. 가족들이 큰 부족함 없이 생활할 수 있다는 것만으로도 만족감을 느꼈고, 주변과 비교할 일이 없었기 때문에 그 자체가 충분히 풍요로운 삶처럼 보였다.

그러나 대학에 입학하면서 그 인식은 완전히 바뀌었다. 테니스 코트가 있는 집에서 사는 친구, 여러 명의 가사 도우미를 두고 생활하는 친구들을 보며, 나는 자연스럽게 비교하게 되었고, 금세 깨달았다. 물질적 풍요에는 끝이 없다는 사실을. 아무리 많은 것을 가져도, 더 많은 것을 가진 사람이 존재하는 한 만족은 끝없이 미뤄질 수밖에 없다는 것을.

우리는 알게 모르게 어릴 적부터 '사회적 비교'를 하게 된다. 사회적 비교란 타인과의 비교를 통해 자신을 평가하는 것이다. 어릴 적에는 이웃과 비교해 우리 집이 넉넉하다고 생각했고, 대학에 들어와서는 동기들과 비교해 우리 집 수준이 그들의 수준에는 못 미친다고 생각했다. 이 모든 생각은 바로 사회적 비교에서 비롯된 상대적인 자기 평가였다.

행복도가 낮은 실업자도 주변에 실업자가 많은 상황에서는 덜 불행하다고 느낀다는 연구 결과가 있다. 사람은 타인과의 비교를 통해서 행복을 주관적으로 판단하는 경향이 있음을 보여준다. 우리는 목표를 설정할 때도 사회적 비교를 바탕으로 생각하고 결정하는 경향이 있다. 가령 주위 사람이나 유명인과 비교하여 그들과 같은 수준의 지위에 오르거나 돈을 벌겠다는 목표를 세우는 사람들이 있다.

비교가 반드시 나쁜 것만은 아니다. 올바른 비교는 동기 부여와 자기 성장으로 이어질 수 있으며, 우리에게 더 나은 방향으로 나아갈 힘을 준다. 예를 들어, 율리우스 카이사르는 알렉산드로스 대왕을 롤모델로 삼아 자신의 약점을 파악하고 보완하는 과정을 거쳤다. 이를 통해 그는 리더로서의 신망과 영광을 얻을 수 있었다고 전해진다. 결국, 비교의 방향이 중요한 것이다. 단순히 남과 경쟁하며 자신을 깎아내리는 비교가 아니라 자신을 성장시키는 비교를 할 때, 우리는 더 나은 자신을 만들어갈 수 있다.

한편 '자가용 제트기 소유하기'와 같은 목표 설정에는 위험성이 따른다. 자산과 지위에 기반한 사회적 비교에는 상한선이 없기 때문이다. 이러한 목표를 추구하는 것은 마치 쾌락의 쳇바퀴를 도는 것과 같다. 즉, 사회적 비교에 바탕을 둔 목표는 끝이 없기 때문에, 계속해서 더 높은 목표를 향해 달려야 하며 진정으로 원하는 바를 충족시키지 못한다. 한 번 쳇바퀴에 올라가면 멈출 수 없어 계속해서 달려야 하고, 결국 '성취주의' 모델에 빠지게 된다.

경쟁 전략으로 유명한 하버드대학교 교수 마이클 E. 포터는 제자들이 "이제부터 무엇을 해야 합니까?"라고 질문할 때마다, "보수를 받지 못하더라도 하고 싶은 일이 무엇인지 생각해보라"고 답했다고 한다.

"명예나 고수입을 바라고 직업을 선택한 사람은 위대한 경영자가 될 수 없다."

이 말에서는 세계 최고 대학에서 오랫동안 교편을 잡았으며, 전 세계 경영자들의 존경을 받는 인물만이 가질 수 있는 깊은 통찰과 관록이 느껴진다.

'보수를 받지 못해도 그 일을 하고 싶은가?'는 자신이 진정으로 원하는 목표를 검토하는 가장 본질적인 기준이다.

우리는 종종 돈이나 안정된 생활을 위해 하고 싶은 일을 포기하는 경우가 많다. 그러나 진정한 열정과 지속적인 행복은 외적 보상이 아닌 내적 동기에서 비롯된다.

정말 소중한 일을 해내기 위해서는, 보수를 받지 않더라도 하고 싶다고 느낄 정도의 강한 열정이 필요하다. 그러한 열정 없이는 어떤 일도 끝까지 완수하기 어렵다. 우리는 종종 현실적인 보상에 집중하지만, 궁극적으로 진정한 성취와 만족은 내면의 동기에서 비롯된다. 따라서, 잠시 현실적인 조건을 내려놓고, 포터의 질문을 스스로에게 던져보자.

"보수를 받지 않더라도 이 일을 계속할 수 있는가?"

이 질문에 대한 답을 찾는 과정에서 우리는 자신의 내적 기준을 더욱 명확하게 이해할 수 있다. 진정한 성취와 만족은 외부의 기대나 보상이 아닌, 내면에서 우러나는 열정에서 비롯된다. 자신의 가치관과 열정을 바탕으로 목표를 설정할 때, 단순한 의무감이 아니라 스스로 원하는 방향으로 나아가려는 자발적인 동기가 생긴다.

이러한 목표는 끝까지 완수할 수 있는 힘을 주며, 장기적으로도 지속적인 동기와 만족감을 제공한다. 외적인 보상이 아니라 내면의 의미를 중시할 때, 우리는 단순한 성공을 넘어 더 깊이 있는 성취와 진정한 행복을 경험할 수 있다.

목표 달성에 실패하더라도

그저 노력하는 것만으로도 더 행복해질 수 있다.

— 소냐 류보머스키(하버드대학교 졸업/캘리포니아대학교 교수)

과정을 즐기는
목표

　오래된 연구부터 최근의 연구에 이르기까지 목표와 행동에 관해 공통적으로 제안하는 내용은 의외로 비슷하다. 인생의 행복과 성공을 위한 최선의 방법은 '의미 있는 목표를 찾아 이를 달성하기 위해 노력하는 것'이다. 단순히 목표를 설정하는 것만으로는 행복해질 수 없다. 중요한 것은 목표를 향해 나아가는 과정에서 보여주는 노력과 태도이다.

　행복에 관한 많은 연구에 따르면 사람을 행복하게 만드는 것은 최종 목표(꿈)의 달성 여부가 아니라, 그 목표를 추구하는 과정을 즐길 수 있는지 여부이다. 목표 달성에 실패하더라도 그 과정에서 노력 자체가 더 큰 행복을 가져다주기도 한다.

탈 벤 샤하르는 '목표는 목적이 아니라 수단'이라고 말하며, 목표는 '달성하는 것보다 소유하는 것이 더 중요하다'고 강조했다. 행복은 목표를 달성하는 순간이 아니라, 목표를 추구하는 과정에서 커진다. 과정을 즐기는 동안 배움과 성장, 도전 자체가 행복의 원천이 된다. 다시 말해 의미 있는 목표란, 만약 달성하지 못하더라도 그 목표를 향해 나아가는 과정만으로도 행복해질 수 있는 목표이다. 노력과 도전 자체가 즐거움과 만족을 주는 목표가 바로 의미 있는 목표이다.

경쟁심과 의지력이 강한 운동선수들 중 진정으로 뛰어난 선수들은 결과에 도달하기 위한 과정 자체를 즐길 줄 안다. 훈련과 도전에서 오는 성취감과 성장을 통해 지속적인 동기와 행복을 느낀다. 해머던지기 일본 국가대표 선수로 올림픽에 출전했던 무로후시 고지室伏広治는 "중요한 것은 메달 색이 아니라 목표를 향해 노력하고 있다는 사실이다"라는 유명한 말을 했다.

미국 메이저리그에서 활약한 스즈키 이치로鈴木一朗는 "어릴 적부터 목표를 세우고 노력하는 것을 좋아했다. 그 노력이 결과로 나타나면 매우 기쁘다"라며, "결과가 나쁘다고 해서 후회하거나 부끄럽다는 생각은 들지 않는다. 내가 할 수 있는 모든 노력을 다했기 때문이다"라고 말한 바 있다.

노력만으로 행복해질 수 있는 목표를 추구하면, 그 과정에서도 자연스럽게 즐거움과 만족감을 느낄 수 있다. 이러한 목표를 추구하는 과정에서 능력이 향상되고, 새로운 기회를 발견하여 성장하고, 노력과 학습을 통해 더 유능해지고 노련해진다.

일이든 여가든 어떤 활동에 익숙해지면 배움과 즐거움을 얻을 수 있는 기회는 늘어난다. 자신의 가능성을 발견하고 이를 이끌어내고자 하는 의욕이 샘솟는다. 타인과 교류할 기회가 생기며 관계를 통해 새로운 시각과 배움을 얻는다. 목표를 추구하는 과정에서 삶의 목적을 인지하고 자신의 성장을 실감하며 시간을 보다 의미 있게 활용하게 된다. 이 모든 효과 덕분에 우리는 행복해질 수 있다.

뇌과학에 따르면, 어떤 분야든 성공을 이루기까지 약 1만 시간의 노력이 필요하다. 하루 9시간씩 3년 동안 노력하면 9,855시간, 이는 곧 1만 시간에 가까운 수치로 숙련과 성공을 위한 기준으로 여겨진다. 결국 행복과학의 이론은 뇌과학에서 나온 결과와도 부합하는 셈이다. 소냐 류보머스키는 그 정도로 계속 노력하려면 우리 안에 강력한 동기가 내재되어 있어야 한다고 설명한다. 1만 시간 동안 지속적으로 노력하기 위해서는 강력한 내적 동기가 필수적이다. 동기는 행복을 일으키는 마음의 에너지로, 열정이라는 감정을 동반하며 자발적이고 주체적으로 목표를 향해 노력하게 만든다.

설정한 목표에 열정을 가지고 최선을 다하는지 아닌지는 그 목표가 자신에게 동기를 부여하는지 아닌지를 확인할 수 있는 중요한 시금석이 된다. 류보머스키는 목표를 평가하는 여섯 가지 질문을 제시했다. 이 질문은 목표가 진정한 열정과 동기를 불러일으키는지 평가하는 데 도움을 준다.

- 실현 가능한 목표인가?
- 누가 정한 목표인가?
- 다른 계획과 대립하지 않는 목표인가?
- 진정으로 자신과 잘 맞는 목표인가?

- 목표 추구가 자기 성장과 더 나은 인간 관계에 도움이 되는가?
- 보수가 많지 않더라도 그 목표를 추구하고 싶은가?

마지막 질문인 '보수가 많지 않더라도 그 목표를 추구하고 싶은가'라는 질문은 마이클 E. 포터의 "보수를 받지 못하더라도 하고 싶은 일이 무엇인지 생각해보라"는 말과 상통하며 마음에 묵직한 반향을 일으킨다. 1만 시간이나 되는 노력을 아끼지 않으며 과정을 즐길 수 있는 목표인지 아닌지, 위의 질문에 답해보자.

류보머스키는 "두 가지 이상의 질문에 명백하게 '그렇지 않다'라는 대답이 나온다면, 목표를 바꾸고 싶어질 것"이라고 말한다.

많은 사람이 자신의 열정이
어디를 향하고 있는지 모른다.

—로버트 스티븐 캐플런(하버드대학교 경영대학원 교수)

근면인가, 헛수고인가

하버드대학교 경영대학원 교수를 지낸 로버트 스티븐 캐플런은 다음과 같이 말한 바 있다.

"야심 있는 직업인들이 많은 노력을 기울이고 뛰어난 업적을 쌓아도 일에서 진정한 만족감과 충실감을 느끼지 못하는 이유는, 그들의 성공 기준이 가족, 친구, 동료의 영향을 받기 때문이다."

그는 골드만삭스에서 경력을 쌓은 후 하버드대학교 경영대학원에서 교편을 잡게 되었다. 그러면서 훌륭한 경영자들과 만나 그들이 자신의 커리어에 좌절감을 느끼고 있다는 사실을 알고 크게 놀랐다.

그 원인은 많은 사람이 자신의 열정이 어디로 향하고 있는지 모르고, 주위의 의견에 지나치게 의존한 나머지 잘못된 길로 들어서서 방황했기 때문이라고 설명했다. 이것은 앞에서 언급한 외적 기준에 따른 목표를 추구해서 생긴 결과로, 경제적 성공이나 사회적 성공을 손에 넣어도 행복해질 수 없다는 사실을 뒷받침하는 사례이다.

나 역시 어디로 어떻게 나아가야 할지 몰랐던 시기가 있었다. 그래서 진심으로 이루고 싶은 목표 대신 외적 기준에 의한 목표를 설정하고 달성하기를 반복했다. 그 목표들은 대개 사회적 성공을 지향하고 있었다.

2004년부터 사회인 신분의 대학원생이 되어 석사 과정을 이수한 이유는 전문성을 키우고 싶었기 때문인데, 솔직히 말하면 그 역시도 외적 기준에 따른 목표였다. 학위를 취득해서 다른 경쟁자보다 뛰어난 실력을 갖추고 싶다는 바람 역시 사회적 비교에 바탕을 두고 있었다.

그래서인지 수업을 받을 때도 연구를 할 때도 가슴 설레는 즐거움은 느끼지 못했다. 직장 경험을 통해 몸에 익힌

규범과 학술계의 규범에는 큰 괴리가 있어 당황하거나 초조해한 적도 있다. 야간에 자가용으로 통학을 했는데 왕복 3시간이 걸렸다. 대학원생 생활은 매일 힘들고 고달팠다.

석사 논문 집필의 끝이 보일 즈음에는 수정에 수정을 거듭해도 지도교수의 질책만 쏟아졌다. 그 난관을 타개할 방법을 도저히 알 수 없어서 논문 집필을 멈췄고, 더 이상은 못 하겠다며 망연자실했다.

어느 날 밤 온몸을 뒤덮고 있던 긴장감이 폭발해서 책상 위에 쌓여 있던 자료와 원고를 바닥에 던져버렸다. 정신이 차리고 보니 눈물을 흘리고 있었다. 물건을 던지고 눈물을 흘리면서 나는 문득 학위를 취득하는 의미를 잃어버렸다는 사실을 깨달았다. 돌이켜보면 나는 어린 시절부터 도달하기 힘든 목표를 세우고 노력해왔다. 그 노력 덕분에 성취의 기쁨도 맛보고 내 나름대로 행복을 느낀 날도 있었다.

하지만 예전에 본 어느 영화의 엔딩처럼 산을 넘으면 또 다른 산이 있었다. 산을 올라 고개를 넘으면 다음 산이 나타났다. 나는 결국 끝없는 등산 같은 인생에 지쳐버렸다.

사람이 성장하기 위해서는 현재에 안주하지 않고 더 높

은 곳을 향해 나아갈 필요도 있다. 그러나 끝도 없이 계속 쳇바퀴를 도는 삶은 공허하다. 나 역시 어느새 쳇바퀴에 올라가 있었다. 끊임없이 쳇바퀴 위를 달리다가 완전히 지쳐버렸고, 마침내 노력에는 두 종류가 있다는 점을 깨달았다.

바로 근면과 헛수고다.

근면은 진정으로 이루고 싶은, 의미 있는 목표를 향할 때 가치가 있다. 노력 그 자체가 만족과 성장의 원천이 되어, 우리는 목표를 향해 나아가는 과정에서도 행복을 느낄 수 있다. 반면 헛수고는 외적 기준이나 사회적 비교에서 비롯된 목표를 추구할 때 발생한다. 이 경우, 아무리 노력해도 내면의 만족을 느끼지 못하며, 오히려 노력할수록 점점 더 지치고 피폐해진다.

목표를 이루기 위해 노력하는 과정에서 행복을 느끼지 못한다면, 자신이 헛수고를 하고 있는 것은 아닌지 의심해 봐야 한다. 이 사실을 빨리 깨달을수록 좋으며, 만약 깨달았다면 즉시 목표를 재검토하고, 진정 원하는 방향으로 나아가야 한다. 진정한 근면과 헛수고의 차이를 아는 것, 그리고 자신의 노력이 어떤 의미를 갖는지 끊임없이 점검하는 것이 중요하다.

오랫동안 지속되는 성공에는

어느 하나도 빠뜨릴 수 없는 다양한 목표가 있다.

— 하워드 스티븐슨(하버드대학교 경영대학원 명예교수)

성공을 이뤘다면
유지하는 전략을 세워라

생명은 유한하다. 그래서 자신의 생명을 쏟아부을 가치가 있는 목표를 정하는 것은 삶의 중요한 과제다. 진정한 목표에는 열정을 아낌없이 쏟고 몰두할 수 있다. 설령 목표를 달성하지 못하더라도 노력하는 것만으로도 행복해질 수 있다.

열정을 기울이고 싶은 목표가 하나밖에 없다고 단정할 수는 없다. 일에서 경력을 쌓고 싶은 동시에 가족과 함께하는 시간을 소중하게 여기는 사람도 있다. 어느 쪽을 우선시해야 할지 갈등하는 경우도 적지 않다. 그러나 일부 전문가들은 '여러 목표를 가져야 더 행복해질 수 있다'고 주장한다.

하버드대학교 경영대학원 교수 하워드 스티븐슨과 그의 동료 로라 내시Laura Nash에 따르면, 한 가지 목표만으로는 우리의 다양한 요구와 욕구를 전부 충족할 수 없다. 그들이 조사한 수백 명의 성공한 사람들은 일과 여가, 인생의 다양한 활동에 대해 목표를 가지고 삶의 만족도를 높이고 있었다. 그 덕분에 보다 균형 잡힌 삶을 살았다.

성공한 사람들은 단일 목표에만 집중하지 않았다. 오히려 서로 다른 목표를 적절히 조율하고 전환하며 자신의 포부와 열망을 전체적으로 충족시켰다. 스티븐슨과 내시는 조사 결과를 통해 지속 가능한 성공을 위해서는 다음 네 가지 요소가 필수적임을 발견했다.

1. **행복감:** 삶에 대한 기쁨과 만족감

2. **성취감:** 활동 영역에서 거둔 뛰어난 업적

3. **존재 의의:** 주위 사람에게 긍정적인 영향을 주고 있다는 인식

4. **계승:** 타인이 미래의 성공을 발견하는 데 도움이 되는 가치나 업적의 확립

이 네 가지 요소는 사람들이 성공을 추구하고 누리는 과정에서 얻으려고 하는 기본적인 핵심 요소이다. 두 사람은 "어느 하나라도 빠지면 진정한 성공이라고 할 수 없다"고 강조했다. 성공은 단순하지 않으며, 다면적인 것이다. 한 영역에서의 성취만으로는 만족과 행복을 보장할 수 없다.

예를 들어, 위대한 업적을 이루고 많은 돈을 벌었음에도 불구하고 행복을 느끼지 못한다면, 그것을 과연 진정한 성공이라 할 수 있을까? 마찬가지로, 사랑하는 아이를 위해 회사를 그만두었지만, 그 과정에서 보람이나 성취감을 느끼지 못한다면, 그것 역시 완전한 성공이라고 말하기 어려울 것이다. 결국, 성공은 외적인 결과뿐만 아니라, 내면에서 느끼는 만족과 의미가 함께할 때 비로소 온전해진다.

성공은 단순한 성취가 아니다. 진정한 성공이란 성취, 행복, 의미, 그리고 관계가 조화를 이루는 상태에서 완성된다. 즉, 단 하나의 요소만을 충족하는 것이 아니라, 삶의 여러 측면에서 균형을 이루고 충만함을 느낄 때 비로소 의미 있는 성공이 된다.

어쩌면 하나의 목표로 네 가지 요건을 모두 충족할 수 있을지도 모른다. 그러나 네 가지 요소는 각각 성격이 다르기 때문에 목표가 크면 클수록 이들 간의 균형을 이루기 어렵다. 그래서 스티븐슨은 이러한 균형 문제를 해결하기 위해, 여러 목표를 통해 네 가지 요건을 충족시키라고 조언한다. 그리고 그 전략을 만화경에 비유했다.

행복감, 성취감, 존재 의의, 계승 등 네 가지 핵심 요소를 각각의 '공간'으로 보고, 목표라는 유리판을 필요에 따라 추가하거나 조정하여 다양한 형태와 색깔의 삶을 만들어 내는 전략이다. 스티븐슨은 오랫동안 지속되는 성공을 거둔 사람들은 여러 목표를 조직화하는 데 만화경 전략the Kaleidoscope Strategy를 구사한다고 말한다. 마치 만화경을 돌릴 때마다 새로운 패턴과 색이 만들어지듯, 삶의 목표도 조합과 재구성을 통해 끊임없이 변화를 주며 조화롭게 맞춰나가는 것을 의미한다.

만화경 전략은 다양한 목표를 통합하기 위한 '사고의 틀'이다. 이 전략이 없으면 만화경 내부의 특정 공간에만 목표의 유리판이 치우쳐져서 문제가 생길 수 있다. 가령 경쟁이 치열한 사업에서 성취감과 행복감을 동시에 추구하려고 승리를 독식하게 되면, 주위 사람들과의 관계가 멀어져 고

독해질 수 있다.

스티븐슨은 조사 결과 성공한 사람들은 이러한 모순을 직관적으로 간파한다는 사실을 발견했다. 그들은 갈등을 유발하는 목표의 우선순위를 적절하게 조정하며, 삶의 다양한 영역에서 전체적인 균형을 유지하는 능력을 지녔다. 스티븐슨은 성공한 사람들의 이러한 능력을 '전환하기와 관련짓기Switching and Linking'라고 명명했다.

- **전환하기**: 필요할 때 서로 다른 목표 사이의 우선순위를 전환하여 집중을 조정하는 능력
- **관련짓기**: 서로 다른 목표를 유기적으로 연결하여, 한 영역에서의 성취가 다른 영역에도 긍정적인 영향을 미치도록 하는 능력

목표를 전환하는 타이밍은 모자라지도 넘치지도 않는 '적당함Just Enough'을 판단기준으로 하여 각 목표를 뒤로 물릴 시기를 가늠해야 한다. 만화경 전략으로 성공의 전체 모습을 파악하면 적당한 타이밍이 언제인지 알 수 있다.

스티븐슨과 내시는 "뛰어난 리더는 특정 요소에서 최대

성과가 필요할 때에도 네 가지 요소를 모두 충족시키는 것이 중요하다는 사실을 인지하고 있다"라고 말한다. 단기적 성취를 위해 다른 중요한 요소를 희생하지 않고, 각 목표의 적절한 우선순위를 조정할 줄 아는 능력이 필요하다.

요즘 많은 사람들이 일과 생활의 균형을 고민하고 있다. 직장과 가정, 경쟁과 협동, 성취와 휴식 사이에서 끊임없이 갈등을 겪으며 어떻게 하면 조화로운 삶을 살 수 있을지 고민한다. 이러한 균형의 문제를 해결하는 데 도움을 주는 것이 바로 만화경 전략이다.

만화경처럼 시각을 유연하게 변화시키며 다양한 요소를 조화롭게 재구성하는 방식을 통해, 우리는 일과 삶을 대립적인 개념이 아니라, 조화를 이루는 하나의 과정으로 바라볼 수 있다. 결국 만화경 전략은 우리가 고정된 틀에서 벗어나, 자신만의 균형점을 찾아가는 유연한 사고방식을 제공한다.

만화경이 재미있는 이유는 각 공간에 다양한 유리판을 끼워 넣음으로써 매 순간 변화무쌍한 새로운 모양을 만들어낼 수 있기 때문이다. 삶도 마찬가지다. 다양한 목표를 삶의 네 가지 핵심 공간(행복감, 성취감, 존재 의의, 계승)에 적절히 끼워 넣고, 때때로 우선순위를 바꾸며 조화롭게 조정할 때 삶은 풍요롭고 아름다운 만화경처럼 다채로워진다.

이상적인 자아상에 비추어

현재 상황을 냉정하게 바라봐야 한다.

— 하워드 스티븐슨(하버드대학교 경영대학원 명예교수)

일과 생활의
균형을 유지하라

2007년 일본에서 제정된 '워크라이프밸런스 헌장(일과 가정을 균형 있게 꾸려가도록 돕는 제도)'은 "우리 사회는 일하는 방식에 관한 사람들의 의식과 환경이 사회 경제 구조의 변화에 적응하지 못하여 일과 생활이 양립하기 어려운 현실에 직면해 있다"라는 문장으로 시작한다.

워크라이프밸런스란 '일과 생활의 균형'이라고 풀이되고 있어서, 자칫하면 일에 쏟는 시간과 가정 및 여가에 쏟는 시간의 분배 문제로 인식하기 쉽다. 하지만 삶의 어떤 역할에 어느 정도의 시간과 에너지를 분배할지는 사람마다 생각이 다르다. 또한 같은 사람이라도 나이와 상황에 따라 그 기준은 달라질 수 있다.

　수당 없는 야근이 사회적으로 문제시되는 와중에도 내 주변에는 수당 없이도 남아서 일하고 싶어하는 사람들이 있다. 그들은 의미 있는 일이라면 장시간 노동도 마다하지 않는다. 나 역시 30대에는 늦은 밤까지 야근하며 악착같이 일했던 시절이 있었다. 그 덕분에 직업인에게 필요한 기초 체력을 기를 수 있었고, 지금의 성장과 성취의 밑바탕이 되었다.

　물론 원하지 않는 잔업을 강요하거나 잔업 수당을 부당하게 미지급하는 문제가 발생하기도 한다. 가정과 여가를 중요하게 여기는 사람에게 직업 중심의 생활 방식을 강요하는 경우도 있다. 그러나 일과 생활의 균형은 사람마다 다르게 나타난다. 하지만 특정 시기에만 일에 많은 시간과 에너지를 쏟는 사람이 있는가 하면, 특정 방식을 평생 고수하는 사람이 있기도 하며 반대로 시간이 지나면서 개인적 가치관과 필요에 따라 다른 방식으로 균형을 조정하는 사람도 있다.

　린다 그래튼Lynda Gratton은 저서《일의 미래The Shift》에서 2025년에는 성과를 중시하는 대신, 직장이라는 시공간에 얽매이지 않고 원하는 시간과 장소에서 원하는 만큼 일하는 방식이 보편화될 것이라고 예측했다. 자유로운 업무 방식의 확산은 개인의 다양한 목표를 순차적으로 달성할 수 있는 기회를 제공할 것이다. 직업, 가정, 취미, 사회 활동 등 다양한 영역에서의 목표를 조화롭게 추구할 수 있는 환경이 마련된다. 이를 통해서 성공의 네 가지 필수 요소인 행복감, 성취감, 존재 의의, 계승을 균형 있게 충족시키는 것이 지금보다 수월해질지도 모른다.

그러나 이러한 미래를 효과적으로 누리기 위해서는 자신에게 빠질 수 없는 다양한 목표가 무엇인지 지금보다 명확히 해야 한다. 목표의 우선순위를 분명히 하지 않으면, 오히려 더 많은 선택지 속에서 혼란에 빠질 수 있다. 자유로운 업무 방식이 제공하는 기회를 최대한 활용하려면 자신만의 가치와 열정을 기준으로 목표를 설정하는 것이 필수적이다.

성공의 네 가지 요소를 충족하는 여러 목표를 생각하기 위해서는 하워드 스티븐슨과 로라 내시가 말한 삶의 만화경 전략이 큰 도움이 된다. 이 전략은 다양한 목표를 적절히 혼합하고 균형을 유지하는 데 유용하다. 하나의 목표로 성공의 네 가지 요소를 모두 충족하기는 어렵기 때문에, 다양한 목표를 시의적절하게 전환하며 골고루 충족시켜야 한다.

같은 활동 영역에서 두 가지 목표를 정할 수도 있다. 일에서는 성취감을 얻고 가족이나 친밀한 사람들과의 관계에서는 행복감과 존재 의의를 느낄 수 있다. 이처럼 서로 다른 목표를 적절히 결합함으로써, 성공의 네 가지 요소의 균형을 꾀할 수도 있다. 한꺼번에 모든 목표를 달성하는 것은 어려울 수 있다. 그러나 각 목표를 바꿔가면서 순서대로 달성해 나가면 성공의 네 요소를 충족시켜 나갈 수 있다.

스티븐슨과 내시가 말한 삶의 만화경을 작성하는 방법은 다음과 같다.

1. 행복감, 성취감, 존재 의의, 계승 등 네 요소가 적힌 원 안에 자신, 가족, 일, 지역사회의 네 가지 영역을 쓴다.
2. 각 칸에 과거의 성공 경험이나 만족감을 얻은 경험을 쓴다. 모든 칸을 다 채우지 않아도 된다. 어느 경험을 어디에 쓸지 오래 고민할 필요도 없다. 직관적으로 써나간다.

삶의 만화경

행복감
Happiness
- 자신
- 가족
- 일
- 지역사회

계승
Legacy
- 자신
- 가족
- 일
- 지역사회

성취감
Achievement
- 자신
- 가족
- 일
- 지역사회

존재 의의
Significance
- 자신
- 가족
- 일
- 지역사회

출처: 〈지속적인 성공〉 copyright ⓒ 2004 로라 내시, 하워드 스티븐슨 〈하버드 비즈니스 리뷰〉

예를 들어 대학을 졸업했을 때 큰 성취감을 느꼈다면 '성취감'의 '일' 칸에 '대학 졸업'이라고 기록한다. 이 경험이 가족에게도 긍정적인 영향을 줬다면 '존재 의의' 중 '가족' 칸에도 '대학 졸업'이라고 쓴다.

이 활동의 목적은 인생의 경험을 엄격하게 원과 칸에 나

뉘 넣는 것이 아니라 어떤 경험을 통해 삶을 충족시켜 왔는지를 평가하는 것이다.

삶의 만화경이 완성됐다면 어떤 모양을 하고 있는지 스스로 질문하며 살펴본다. 자신에게 던지는 질문은 다음과 같다.

1. 잘 통합되어 있는가? 빈칸이 너무 많거나 목록이 넘쳐나는 원은 없는가? 네 가지 정체성의 영역(자신, 가족, 일, 지역사회)이 하나의 원에 편중되어 있는가, 여러 원에 퍼져 있는가?

2. 다양성은 어떠한가? 최고의 성공, 최대의 만족은 어느 원에 있는가? 결핍이나 과잉을 보이는 칸은 없는가? 원과 칸의 내용이 넓은 범위에 퍼져 있는가? 아니면 같은 말이 반복되고 있는가?

3. 현재 하고 있는 활동에 관해 무엇을 알게 되었는가? 시간을 낭비하고 있는 활동은 없는가? 성공을 통해 얻고 싶은 바가 무엇인지 만화경에서 알 수 있는가? 어느 한 곳에 지나치게 집중해서 네 가지 원을 골고루 충족시키는 일

을 소홀히 하고 있지는 않은가?

하워드 스티븐슨은 성공에서 진정한 행복을 찾기 위해서는 "이상적인 자아상에 비추어 현재 상황을 냉정하게 바라봐야 한다"라고 말한다. 진정한 성공과 행복을 얻기 위해서는 자신이 꿈꾸는 이상적인 자아상과 현재의 위치를 객관적으로 비교하고 평가해야 한다. 자신의 강점과 약점, 현실적인 제약을 파악하는 과정에서 어떤 목표를 설정하고 어떻게 편성할지에 대한 명확한 방향성을 찾을 수 있다. '삶의 만화경 전략'을 통해 다양한 목표를 어떻게 조합하고 조율할지 스스로 답을 찾아야 한다.

5장

일상의 습관이
지속적인 행복을
만든다

매 순간을 소중히 하면

결과가 바뀐다.

— 엘렌 랭어(하버드대학교 교수)

행복을 향한 발걸음,
행복 활동

소냐 류보머스키와 동료들은 개인의 행복에 영향을 주는 요인을 좀 더 구체적으로 조사하기 위해서 일란성 쌍둥이와 이란성 쌍둥이를 비교하는 쌍둥이 연구를 실시했다. 하나의 수정란이 분열하여 성장하는 일란성 쌍둥이는 개인차가 없는 유전자를 100% 공유하고, 두 개의 수정란이 각각 성장하는 이란성 쌍둥이는 50%만 공유한다. 따라서 일란성 쌍둥이가 이란성 쌍둥이보다 서로 더 닮았다면, 그것은 유전적 영향 때문이다. 한편 이란성 쌍둥이라도 꽤 닮았다면, 그것은 함께 성장한 환경적 영향 때문으로 볼 수 있다.

류보머스키와 동료들의 쌍둥이 연구 결과에 따르면, 개인의 행복을 결정하는 요인은 총 세 가지로 유전적 설정값Set Points, 환경Circumstances 그리고 의도적 활동Intentional Activities이다.

유전적 설정값은 유전자에 의해 정해진다. 좌절을 하든 성공을 하든 그 사람의 행복도는 설정값 수준으로 돌아간다. 세 가지 요인 중 유전적 설정값은 50% 정도 행복에 영향을 미친다. 환경은 10%, 의도적 활동은 40% 정도 영향을 준다.

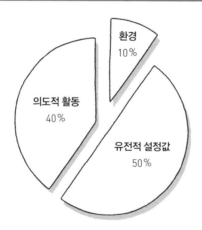

개인의 행복을 결정하는 요소

환경
10%

의도적 활동
40%

유전적 설정값
50%

출처: 《행복의 방법》 copyright ⓒ 2007 소냐 류보머스키

가령 (현실적으로는 불가능하지만) 100명의 일란성 쌍둥이가 있다고 가정하면, 각자가 느끼는 행복감의 50%는 유전적 설정값의 영향을 받아 동일한 수준이 된다. 또 100명의 일란성 쌍둥이들의 수입이나 결혼 여부 등 환경이 꽤 달라도 행복도는 크게 차이나지 않는다. 반면 의도적 활동이 다르면 행복도에도 차이가 나타난다.

유전적 설정값은 물론이고 환경 역시 자신의 힘으로 바꾸기는 어렵지만, 활동은 스스로 바꿀 수 있다. 그래서 류보머스키는 행복해지려면 자신이 변화시킬 수 있는 의도적 활동에 초점을 맞춰야 한다고 강조한다. 그리고 활동을 바꾸는 것이 얼마나 현실적으로 효과가 있는지를 보여주기 위해서 마틴 셀리그만의 임상 사례를 제시하고 있다.

그는 우울 증세가 심한 사람들에게 하루 동안의 일과를 돌아보고, '좋았던 일 세 가지'를 쓰게 했다. 그 결과 피실험자들의 우울 증세가 보름 내에 심각한 수준에서 안정된 수준으로 호전되어, 94%의 사람들이 안도감을 느꼈다. 그들 중에는 침대를 벗어나지 못할 정도로 심각한 환자도 있었다.

지금 당장 행복을 향한 첫발을 내디뎌야 한다고 주장한

류보머스키는 과학적 근거를 바탕으로 한 '지속적 행복을 위한 12가지 행동 습관'을 제안했다.

온라인에서 개강한 edX www.edx.org의 '행복과학The Science of Happiness' 강좌는 총 10회에 걸쳐 '11가지 행복 연습Happiness Practice'을 소개한다. edX는 하버드대학교와 매사추세츠공과대학교MIT가 함께 설립한 대규모 온라인공개강좌이다. '행복과학'은 2014년 9월 9일에 개강했는데, 개강 전에 이미 7만 명이 넘는 사람이 수강을 등록했다. 2014년 12월 1일에는 등록자 수 11만 명을 기록한 전대미문의 강좌이다.

이 강좌에서 추천하는 행복 연습을 표로 정리해 놓았으니 참고하길 바란다. 거기에는 셀리그만의 '좋은 일 세 가지Three Good Things'도 포함되어 있다. 중요한 점은 이러한 '행복을 증진하는 활동' 즉, '행복 활동' 중에서 각자에게 알맞은 활동을 선택하는 일이다. 자신과 잘 맞는 행복 활동 선택을 돕기 위해서 류보머스키는 옛 제자인 캘리포니아대학교 이스트베이캠퍼스 부교수 크리스틴 레이어스Kristin Layous와 함께 '개인 – 활동간의 적합성Person - Activity Fit'에 대한 연구를 실시했다.

	과학적 근거가 있는 '행복 활동'
소냐 류보머스키의 지속적인 행복을 위한 12가지 행복 습관	① 작은 일에도 감사하고, 감사함을 꼭 표현한다. ② 낙관주의 태도를 기른다. ③ 과도한 생각과 사회적 비교를 피한다. ④ 친절을 실천한다. ⑤ 인간관계를 돈독히 한다. ⑥ 스트레스와 트라우마에 대한 대처법을 익힌다. ⑦ 용서하는 법을 배운다. ⑧ 몰입할 수 있는 활동을 늘린다. ⑨ 삶의 기쁨을 차분하게 음미한다. ⑩ 목표 달성에 열중한다. ⑪ 정신적 혹은 종교적 활동에 참여한다. ⑫ 건강에 주의를 기울인다.
edX 행복과학 강좌에서 제시하는 11가지 행복 연습	① 좋은 일 세 가지Three Good Things ② 적극적 경청Active Listening ③ 무작위의 친절 행동Random Acts of Kindness ④ 용서의 8단계Eight Essentials When Forgiving ⑤ 마음 챙김 호흡법Mindfulness Breathing ⑥ 보디 스캔 명상Body Scan Meditation ⑦ 자신을 동정하는 편지Self - Compassionate Letter ⑧ 최고의 자신Best Possible Self ⑨ 감사 일기Gratitude Journal ⑩ 감사 편지Gratitude Letter ⑪ 경외심에 관해 글쓰기Writing about Awe

류보머스키에 따르면 자신에게 알맞은 행복 활동을 찾으려면, 먼저 잘 맞을 것으로 예상되는 활동 네다섯 가지를 선택한 후 실천해봐야 한다. 선택할 때는 다음의 세 가지 접근법으로 검토하면 좋다.

1. 불행의 원인에 맞춘다.
2. 장점에 맞춘다.
3. 생활양식에 맞춘다.

행복 활동을 실천해봤다면 '개인 – 활동 간의 적합성 진단 테스트Person - Activity Fit Diagnostic Test'로 평가한다. 이는 류보머스키가 동료 심리학자 켄 셸던과 함께 만든 테스트로, 개인의 행복 증진에 가장 적합한 활동을 다음의 다섯 가지 측면에서 진단한다.

1. 자연스럽다Natural
2. 즐겁다Enjoyment
3. 가치 있다Value
4. 가책을 느낀다Guilt

각 항목에 최저점인 1점부터 최고점인 7점을 부여한 다음 앞에 나오는 세 항목(자연스럽다, 즐겁다, 가치 있다)의 점수는 더하고, 나머지 두 항목(가책을 느낀다, 상황 때문에 한다)의 점수를 뺀다. 합산한 점수가 높을수록 자신에게 더 잘 맞는 활동이다.

edX의 '행복과학' 강좌에서도 행복 연습을 실천하면 개인 – 활동 간의 적합성 진단 테스트를 활용하여 진단해보기를 권한다. 더욱이 행복 활동을 실천함으로써 내딛는 첫발이 행복을 향한 큰 발걸음이 되기 위해서는 한걸음 한걸음에 정성을 쏟아야 한다. 이때 도움이 되는 것이 바로, 요즘 큰 화제가 되고 있는 '마음 챙김 Mindfulness'이다. '마음 챙김의 어머니'라고 불리는 하버드대학교 교수 엘렌 랭어 Ellen Langer는 "매 순간을 소중히 하면 결과가 바뀐다"라고 말한다.

캘리포니아대학교의 연구기관, 그레이터 굿 사이언스 센터 Greater Good Science Center는 마음 챙김을 '현재 순간에 일어나고 있는 자신의 사고, 감정, 신체 감각과 자신을 둘러싼 환경을 의식하는 상태를 유지하는 것'이라고 설명한다.

2012년 세계경제포럼(다보스 포럼)에서도 다뤄졌던 마음 챙김은 심리학 분야에서는 비교적 최신 개념이며, 실천법의 상당 부분은 불교의 명상에 바탕을 두고 있다. 이러한 종교적, 철학적 기원을 정의와 실천에 어디까지 적용할지에 대한 논의는 계속되고 있다.

랭어는 그 기원에 얽매이지 않고 1970년대부터 40년 가까이 심리학적 프로세스에 초점을 맞추고 마음 챙김 연구에 몰두하여, 리더십과 경영 관리에 활용하는 방법을 탐구해왔다. 그는 그 본질을 '새로운 것을 능동적으로 인식하는 프로세스'라고 말한다. 또한 마음 챙김을 실천하면 '지금 이 순간'과 마주하여 주변 상황과 전체상을 민감하게 파악할 수 있게 된다고 설명한다.

주변에서 일어나는 일을 의식함으로써 에너지를 낭비하는 것이 아니라 창출하는 상태가 되어, 스트레스를 경감시키고 창조성을 발휘하여 성과를 높일 수 있다. 따라서 마음 챙김을 실천하는 사람은 규칙, 하루 일과, 목표를 지침으로 삼으면서도 그것들에 지배당하지는 않는다.

다시 말해 마음 챙김의 상태에서 일하면 정해진 방법대

로 작업하는 것이 아니라 그때그때의 상황을 파악하고 눈앞에 놓인 문제와 과제에 가장 적절한 방법을 생각하고 판단하여 해결해 나갈 수 있다.

랭어는 두 악단에 서로 다른 지시를 내리고 연주를 비교하는 실험을 했다. 한쪽에는 이제까지 했던 것 중 가장 좋았던 연주를 재현하라고 부탁했고, 다른 한쪽에는 새로운 변화를 더하여 연주하라고 부탁했다. 전자는 '아무 생각이 없는Mindless' 상태, 후자는 '마음 챙김Mindfulness'의 상태가 되도록 의도한 것이다.

각 연주를 청중에게 들려준 결과, 마음 챙김 상태에서 한 연주가 압도적인 지지를 받았다. 같은 실험을 영업 사원들을 대상으로 실시해보니, 마음 챙김 상태에서 일한 사람들의 판매 실적이 더 높았고 인상도 좋았다는 결과가 나왔다.

스페인 바르셀로나에 있는 사그라다 파밀리아 성당은 2026년 완공을 목표로 공사가 한창 진행 중이다. 이 성당은 세계적인 스페인 건축가 안토니 가우디Antoni Gaudi의 미완성 작품으로, 140여 년째 공사를 진행하고 있다. 그 공사의 수석 조각가 소토 에쓰로外尾悦郎는 "시간은 지나가는 것이 아니라 보내는 것이다"라고 말했다.

정해진 것을 정해진 대로 수행하면서 흘러가는 시간을 그저 지켜보기만 할 것인가. 의미 있는 활동에 적극적이고 창조적으로 몰두하며 시간을 보낼 것인가. 랭어가 말한 대로 '지금 이 순간'을 온 힘을 다해 맞이하여 성과를 올려야 한다.

또 랭어는 학생들에게 과학자의 업적을 평가하게 하는 실험도 했다. 한쪽 그룹에게는 업적의 결과만 알려주고, 다른 한쪽 그룹에게는 결과와 함께 성공하기까지의 과정도 알려준 뒤 두 그룹의 평가를 비교하는 실험이었다. 그러자 전자 그룹의 사람들은 과학자의 지능이 뛰어나다고 평가하면서도 '나는 할 수 없을 것 같다'라고 답했지만, 후자 그룹의 사람들은 '나도 할 수 있을 것 같다'라고 답했다.

이 실험은 마음 챙김이 자기효능감을 높여주며, 위대한 업적도 그 과정을 알게 되면 도전 의지가 생길 수 있다는 사실을 시사한다. 작은 한 걸음을 큰 발걸음으로 만들기 위해서 행복을 향한 목표와 달성 과정을 명확하게 설정하고 매 순간을 소중하게 보내야 한다.

내가 만드는 행복 습관

오늘 실천하는 작은 변화가 내일의 더 큰 행복으로 이어진다. 행복도를 높일 수 있는 구체적인 활동은 다음과 같다.

1. 감사 일기를 작성하자.
2. 타인에게 친절하게 행동하자.
3. 타인을 이해하기 위해 적극적으로 경청하자.
4. 매일 자신이 겪은 좋은 일 세 가지를 떠올리자.
5. 마음 챙김 호흡법을 실천하자.
6. 가장 멋진 자신의 모습을 상상하자.

감사하는 마음을 가지면
긍정적인 삶을 누릴 수 있다.

— 소냐 류보머스키(하버드대학교 졸업 / 캘리포니아대학교 교수)

충만한 하루를 위해
감사 일기를 쓰자

행복을 향해 내딛는 첫걸음으로 가장 어울리는 활동은 '감사하기'이다. 감사의 표현은 행복을 얻기 위한 메타 전략(전략을 세우는 데 필요한 전략)으로 작용한다. 우리는 경험적으로 감사의 마음이 행복에 영향을 준다는 사실을 알고 있다. 감사의 마음을 전할 때, 전하는 사람과 받는 사람 모두 기분이 좋아진다.

많은 종교인, 철학자, 작가들은 오래전부터 '감사는 미덕'이라고 말해왔다. 그러나 감사가 왜, 어떻게 행복에 영향을 주는지에 대한 과학적 연구는 20세기 말에 들어서야 본격적으로 시작되었다.

그 선구자로 알려진 로버트 A. 이먼스_{Robert A. Emmons}는 캘리포니아대학교의 교수이자 작가이다. 그는 감사를 '생명을 지닌 존재를 향한 경이, 고마움, 그리고 인식을 바탕으로 한 의미 있는 감상'이라고 정의했다. 또한 감사하는 능력은 인류와 모든 생명체의 DNA에 깊이 새겨져 있다고 설명한다.

다양한 연구 결과에 따르면, 감사하는 마음을 지닌 사람들은 그렇지 않은 사람들과 비교했을 때 더 행복하고, 더 활기차며, 희망적이고, 사람을 잘 돕고, 잘 공감하며, 더 영적이고, 신앙심이 깊으며, 관용적이고, 실리주의자가 아니라는 사실이 명백하게 밝혀졌다. 또한 감사를 표현하는 사람은 우울증이나 걱정에 빠지거나 외로워하거나 질투하거나 신경증에 걸릴 가능성이 낮다고 한다.

소냐 류보머스키는 '감사하기'에는 다음과 같은 효과가 있다고 설명한다.

1. 감사하게 생각하면 삶의 긍정적인 경험을 한층 더 음미할 수 있다.

2. 감사를 표현하면 자존감과 자신감이 높아진다.

3. 감사는 스트레스와 트라우마에 대처하는 데 도움이 된다.

4. 감사의 표현은 도덕적 행동을 촉진한다.

5. 감사는 사회적 유대를 구축하는 데 도움이 되며, 기존의 인간관계를 강화하고 새로운 인간관계를 발전시킨다.

6. 감사를 표현하면 타인을 부러워하는 '불공정한 비교'가 줄어든다.

7. 감사하는 습관은 부정적인 감정과 공존하기 어려워, 분노, 괴로움, 욕망의 감정을 감소시키거나 억제한다.

8. 감사는 쾌락적응을 방해한다.

여덟 번째 항목에 언급한 쾌락적응은 사람이 새로운 상황이나 변화에 익숙해지면서, 처음에 느꼈던 감정이나 행복감이 점차 줄어드는 현상이라고 설명한 바 있다. 인간은 새로운 업무, 가정, 성공 등 어떤 성취를 이루더라도 결국에는 그 상황에 익숙해진다. 처음에는 큰 기쁨과 만족을 느끼지만, 시간이 지나면서 그것을 당연하게 여기게 된다. 그로 인해 뭔가를 얻었을 때 느끼는 행복감은 시간이 지날수록 서서히 줄어든다. 류보머스키는 감사하는 마음이 쾌락적응을 방해한다고 강조한다. 감사는 일상에서 일어나는 좋은 일을 당연하게 여기지 않도록 돕는다. 작은 것에도 감사함을 느끼는 태도는 새로운 경험이나 성취에 대한 감사를 지속시켜 행복감이 시간이 지나도 줄어들지 않도록 한다.

  이먼스가 제안한 '감사 일기 쓰기'는 일상의 좋은 일을 당연하게 여기지 않고, 그것을 즐거움의 원천으로 인식하도록 돕는다. 이 습관은 우리의 감수성을 강화하여 더 깊은 행복을 경험할 수 있게 한다. 이 방법은 edX의 '11가지 행복 연습'에서도 언급되고 있다.

  탈 벤 샤하르 역시 감사 일기를 쓰기를 습관화하면 특별한 사건 없이도 일상에서 행복을 느낄 수 있다고 강조한다. 일기에 쓸 내용을 생각하며 하루를 보내는 과정에서, 더 많은 좋은 일에 관심을 기울이게 된다고 설명한다.

  '감사하기'는 행복을 얻기 위한 메타 전략으로, 감사 일기 쓰기를 통해 감정을 긍정적으로 전환하고, 행복을 지속시키는 힘을 기를 수 있다. '감사하기'를 행복해지기 위한 첫 걸음으로 삼아 실천해보고, 자신의 삶에 어떻게 반영되는지 확인해보자.

부담 없이 작성하는 감사 일기

10~15분 동안 최근 일주일 내에 고마웠던 일을 다섯 가지 내외로 쓰고, 차분한 마음으로 그 순간을 떠올려본다. 감사 일기는 매일 쓰지 않아도 된다. 오히려 주 1~2회 정도 쓰는 것이 더 효과적이다. 감사한 일을 더 깊게 들여다볼 수 있고, 매일 작성해야 한다는 부담감도 줄어들기 때문이다. 다음 제시되는 내용을 염두에 두고 고마웠던 일을 생각해보자.

1. 최대한 구체적으로 쓴다.
2. 여러 내용을 넓게 다루기보다는 한 가지 내용을 깊게 다룬다.
3. 개인적인 요소에 초점을 맞춘다.
4. 더하기보다 빼기를 통해 소재를 찾는다(예: 행운을 지나치게 바라지 말고 위험한 일을 피한 것에 감사하기 등).
5. 일상을 당연한 것이 아닌 선물이라고 생각한다.
6. 놀라운 일을 겪으면 이를 반추하고 음미한다.
7. 감사할 만한 사항이 반복되면 더 나은 방향으로 발전시킬 수 있는지 생각해보고 수정한다.
8. 감사 일기를 정기적으로 쓴다. 매일이 아니라 며칠에 한 번씩 작성하더라도 꾸준히 쓴다.

당신이 할 수 있는 가장 이기적인 일 중 하나는
타인을 돕는 것이다.

— 대니얼 길버트(하버드대학교 교수)

타인에게 친절할수록
더 행복해진다

타인에게 친절을 베푼 후 행복한 기분이 드는 것은 우리 모두가 일상에서 쉽게 경험할 수 있는 사실이며, 다양한 연구를 통해서도 그 효과가 증명되었다. 자신을 위해 돈을 썼을 때보다 타인을 위해 썼을 때 더 큰 행복감을 느낀다는 결론을 얻은 마이클I. 노튼의 실험은 이미 앞에서 소개했다.

한때 하버드대학교 강사로 있었던 숀 아처의 조사에서는, 누군가가 하고 남은 일을 처리하거나 동료에게 점심 식사를 권하거나 직장 내 활동을 총괄하는, 즉 남을 잘 도와주는 사람들은 자신의 껍데기 안에 갇혀 있는 사람보다 일에 대한 집중도는 10배, 승진할 확률도 40% 정도 더 높은 것으로 드러났다.

캘리포니아대학교 버클리캠퍼스의 대커 켈트너에 따르면, 친절한 행동은 단순한 미덕을 넘어 신체적·정신적 건강에 좋은 영향을 미친다. 친절한 행동은 고독감과 압박감을 줄이고, 면역계를 강화하며, 통증을 완화하고, 심혈관 기능을 개선하며, 고령자의 경우는 에너지와 기력을 높인다. 봉사 활동이나 타인을 돌보는 일을 하는 고령자가 더 오래 산다는 데이터도 있다.

'헬퍼스 하이Helper's High'는 봉사 활동이나 친절한 행동을 했을 때 느끼는 행복한 감정을 의미한다. 이 현상에 의해 봉사 활동을 하는 사람의 우울증이 완화되거나 행복감, 자기효능감, 성취감, 자기통제력이 높아진다는 사실은 이미 꽤 알려져 있다. 친절과 행복의 관계를 가장 먼저 과학적으로 연구한 사람은 이제는 제법 친숙해진 심리학자 소냐 류보머스키이다. 그는 참가자들에게 6주 동안 매주 다섯 가지의 친절한 행동을 하라고 지시하고, 일요일마다 친절 보고서를 제출하게 했다.

한 집단에는 일주일 중 언제든지 자유롭게 친절 행동을 하라고 지시하고, 다른 집단에게는 특정 요일을 정해 그날에만 친절한 행동을 실천하도록 지시했다. 그 결과 행복도가 높아진 쪽은 정해진 요일에만 친절 행동을 한 집단이었다. 게다가 친절 행동의 종류를 바꿀 수 있는 집단과 바꿀 수 없는 집단을 비교하면, 행동을 바꿀 수 있는 집단만이 행복도가 높아졌다.

이러한 결과에서 류보머스키는 '타이밍이 중요'하며, '다양성은 양념'처럼 활용해야 한다는 결론을 얻었다. 다시 말해 언제, 어떻게, 얼마나 자주 행동할지를 미리 정하고, 새롭거나 특별한 친절 행동과 일상의 소소한 친절 행동을 섞어서 실천하기를 제안한다.

다음은 소냐 류보머스키가 제시하는 친절 행동의 다양한 예시다.

- **돈이나 기타 자원이 없다면 시간을 선물한다.**

  예시: 집안 수리하기, 쓰레기 줍기, 집안일 하기 등
- **상대방을 놀라게 한다.**

  예시: 손수 만든 요리나 공예품을 선물하기, 작은 선물 전달하기 등
- **매주 한 번씩 평소에는 신경 쓰지 않았던 부분을 떠올리**

고 **특별히 친절한 행동을 한다.**

예시: 영업 전화에 예의 바르게 응대하기, 지나가는 사람이나 계산원, 잡화상에게 인사하거나 감사를 표현하기 등

- **배려심을 기른다.**

예시: 임신한 여성을 돕기, 노숙자를 후원하기, 보육원에 도움을 주기, 결연 아동에게 편지를 쓰거나 필요한 물품 전달하기 등

류보머스키는 친절이 개인의 자기 인식에 긍정적인 영향을 미친다고 강조한다. 친절한 행동을 통해 사람들은 자신을 '이타적이고 배려심 넘치는 사람'이라고 인식하게 된다. 이처럼 새로운 정체성을 형성하면 자신감, 낙관주의, 자신이 유의미한 존재라는 인식이 높아진다.

대니얼 길버트의 "당신이 할 수 있는 가장 이기적인 일 중 하나는 타인을 돕는 것이다"라는 말은 매우 지당하다. 그는 노숙자를 돕는 봉사 활동을 예시로 들었는데, 우리가 노숙자를 구할 수 있을지 없을지는 모르지만 우리 자신에게는 분명 도움이 된다.

친절을 베푸는 과정에서 자신이 축복받은 환경에서 살고 있음을 느끼고 감사하는 마음이 깊어진다. 친절은 타인과의 유대관계, 타인의 미소와 감사 인사, 소중한 우정을 얻고 싶다는 인간의 기본적인 욕구를 충족시킨다. 결국 친절은 타인을 위해서가 아니라 자신을 위해서 필요하다.

우리는 다른 사람을 도우면 도울수록 행복해진다. 그리고 자신이 행복해질수록 더 많은 사람을 돕고 싶어진다. 그래서 친절은 연쇄적으로 이어진다. 도움을 받은 사람은 다른 사람에게 친절을 베풀고, 하나의 친절이 다른 친절을 불러온다.

최근 연구에서는 친절한 행동을 보고 듣는 것만으로도 연쇄 작용이 일어난다는 사실이 밝혀졌다. 예를 들어 9·11 테러 사건 때 뉴욕의 소방대원들과 구급대원들의 활동을 TV에서 본 사람들이 잇따라 헌혈하여, 헌혈자 수가 평소의 5배나 많았다고 한다.

친절은 사회를 유지하는 가장 중요한 인프라 중 하나라고 해도 과언이 아니다. 각 구성원이 서로에게 친절을 베풀고, 깊이 이해하며, 협력적인 관계를 형성할 때, 사회는 더욱 안정되고 조화로운 공동체로 발전할 수 있다. 친절은 단순한 도덕적 덕목이 아니라, 사회적 신뢰와 유대감을 형성하는 필수 요소다. 개개인이 친절을 실천할 때, 서로를 배려하는 문화가 자연스럽게 형성되고, 그 결과 더 안전하고 풍요로운 삶을 보장하는 공동체가 만들어질 것이다.

타인에게 베푸는 친절

일주일 중 특정 요일을 정해서 하루 동안 다섯 가지의 친절 행동을 한다. 헌혈을 하거나, 아무도 하지 않으려 하는 잡무를 먼저 해결하거나, 식사를 준비하거나, 설거지하는 등의 행동을 실천한다. 대상이 꼭 동일인일 필요는 없으며, 상대방이 모르더라도 상관없다. 그리고 자신이 언제, 어떤 행동을 했는지 한두 줄이라도 기록한다. 어떤 기분이었는지를 함께 적으면 행복을 더 쉽게 느낄 수 있다.

1. 지금까지와는 다른 방식으로 친절을 실천한다.
2. 어떤 일이었는지 구체적으로 적어본다.
3. 일주일 중 특정 요일을 정한다.

새로운 습관을 몸에 익히면

뇌는 다시 기록된다.

— 숀 아처(前 하버드대학교 강사)

사회적 지지망을
형성하라

숀 아처는 전 세계 약 50개국의 기업에서 강연과 컨설팅 활동을 펼치며, 종업원들의 행복감과 성공의 관계를 연구하여 '행복우위'를 가르친다. 행복우위란 '성공하면 행복해지는 것이 아니라 행복해지면 성공한다'는 뜻이다. 그는 종업원들이 행복해지면 생산성이 높아져 개인과 조직이 함께 성공에 이르게 된다고 설명하면서, 행복과 성공의 가능성을 높이는 프로그램의 실천을 장려한다. 그것은 다음에 나오는 다섯 가지 행동에서 하나를 선택해 3주간 매일 실천하여 자기변혁을 추구하는 프로그램이다.

1. 감사해야 할 일 세 가지를 기록한다.

2. 사회적 지지망Social Support Network 안에 있는 누군가에게 긍정적인 메시지를 보낸다.

3. 2분 동안 자기 자리에서 명상한다.

4. 10분 동안 운동한다.

5. 하루 중 가장 의미 있었던 경험을 2분 동안 일지에 기록한다.

아처의 다섯 가지 행동 훈련에 참가한 결과, 세무와 회계 분야를 담당하는 매니저들은 훈련 참가 전보다 낙관성과 인생 만족도의 수치가 크게 향상되었다. 인생 만족도가 생산성과 행복에 관련된 지표라는 사실은 널리 알려져 있다.

신경가소성Neuroplasticity은 뇌가 경험과 환경에 따라 변화할 수 있는 능력을 의미한다. 뇌의 신경 경로는 일생 동안 끊임없이 변화하므로, 나이가 들어도 일정 수준의 언어 및 운동 기능을 습득하고 유지할 수 있다. 즉, 새로운 습관을 몸에 익히면 뇌에 다시 기록된다. 아처는 자신의 연구를 통해 3주 동안 하루 한 번씩 사소하고도 긍정적인 행동을 계속하면 그 효과가 지속된다는 사실을 알아냈다. 마치 근육을 단련하듯이 뇌 역시 훈련시킬 수 있다.

아처는 다섯 가지 행동 중에서 가장 효과적인 항목으로 '사회적 지지망에 속해 있는 사람들과의 적극적 교류'를 꼽았다. 사회적 지지란 가족, 친구, 지역사회, 전문가, 동료 등 타인에게서 받는 다양한 지원을 의미하며 여기에는 물질적인 지원과 심리적인 지원을 모두 포함한다.

하버드대학교 심리학 교수이자 긍정심리학을 개척한 인물 중 한 명으로 유명한 필립 스톤은 탈 벤 샤하르와 숀 아처 등과 함께 하버드대학교 학생 1,648명을 대상으로 연구를 실시했다. 연구 결과 심한 스트레스를 받는 시기에도 사회적 지지가 행복감을 높일 수 있다는 결론을 얻었다.

또한 사회적 지지의 수준이 높을수록 규칙적인 운동을 할 때와 같은 비율로 수명이 연장되고, 반대로 사회적 지지의 수준이 낮으면 고혈압만큼 건강에 유해하다는 데이터도 제시되었다. 소냐 류보머스키는 '인간관계란 인류가 살아남기 위한 유일하고도 가장 중요한 요소'라고 한 어느 사회심리학자의 말은 과장이 아니라고 평했다.

그는 '행복한 사람들은 그렇지 않은 사람들보다 인간관계가 더 좋다'라는 사실을 밝혀낸 것이 행복 연구의 최대

업적 중 하나라고 말한다. 사회관계에 시간과 에너지를 투자하는 것은 행복 달성을 위한 효과적인 전략이다. 류보머스키는 행복을 가져오는 두 가지 행동 습관으로, '타인에게 친절하기'와 함께 '인간관계 강화하기'를 들고 있다.

대니얼 길버트 역시 사람의 행복도는 성별, 종교, 건강, 소득이 아니라 그 사람의 인간관계와 유대의 강도로 예측할 수 있으며, 행복해지기 위해서는 타인과의 유대를 강화해야 한다고 주장했다. 아처는 사회적 지지가 생산성도 높인다는 사실을 설명하기 위해 한 CEO의 사례를 소개했다.

그 기업은 당시 세계 11개국으로 진출하는 것을 목표로 하고 있었다. 이 어려운 과제를 성공시키기 위해서 CEO는 팀원들에게 하루 한 번씩 칭찬하는 이메일을 지속적으로 보냈다. 세계화를 선언한 발표에서는 관리자들에게 회사의 가치관에 대해 부하 직원들과 논의하기를 부탁했다.

또한 행복에 관한 의견을 사원들과 교환하기 위해서 세 시간에 걸친 간담회를 열어 긍정적 사고의 리더십을 육성하는 데 중점을 뒀다. 결국 그 기업은 성공적인 글로벌 기업으로 도약할 수 있었다.

반면 경영자가 고압적이면, 사원들이 불안감을 느끼면서 뇌에서 공포와 관련한 감정을 처리하는 편도체가 활성화된다. 그러면 효과적인 문제해결을 담당하는 전전두피질이 제 기능을 다하지 못한다. 경영자나 관리자는 물론이며 교사나 부모도 알아둬야 할 정보이다.

류보머스키와 에드 디너 등이 참여한 메타분석의 결과, 행복도가 높은 종업원의 생산성은 평균 31%, 판매는 37%, 창조성은 세 배 정도 높은 것으로 나타났다. 사회적 지지의 출발점은 친밀하고 가까운 사람들과의 원활한 의사소통이다. 의사소통은 단순한 대화 이상의 의미를 가지며, 인간관계의 기반이 되는 신뢰를 구축하고, 상호 간의 이해를 깊게 만든다.

우리가 솔직하게 감정을 표현하고, 상대방의 이야기에 귀 기울일 때, 서로를 더 잘 이해하고 공감할 수 있으며, 더 탄탄한 관계를 형성할 수 있다. 이러한 신뢰 기반의 관계는 삶의 다양한 순간에서 정서적 안정과 심리적 지지를 제공하는 중요한 역할을 한다.

상호 간의 이해가 가능하려면, 이해받기에 앞서 먼저 이해하려는 자세가 중요하다. 그러기 위해서는 듣는 기술이 필요하다. 잘 들으면 상대방이 하는 말뿐만 아니라 입 밖으로 꺼내지 않은 진심이나 감정까지도 이해할 수 있다.

행복과학 강좌에서 제시하는 행복 연습 중 적극적 경청은 상대방을 이해하고 신뢰 관계를 구축할 수 있는 방법이다. 주 1회 정도 지속적으로 하면 소중한 사람과의 유대가 더욱 강화되고 친밀한 인간관계를 맺을 수 있다.

대답을 위한 경청이 아닌
상대를 이해하기 위한 적극적 경청

일주일에 최소 한 번, 적어도 10분 이상, 중단되거나 방해받을 염려가 없는 곳에서 관계를 돈독히 하고 싶은 상대방의 이야기를 듣는다. 편안한 자세로 시선을 맞추고 고개를 끄덕이면서 경청한다. 때때로 상대방의 이야기에 맞장구치거나 질문하고 공감을 표현한다. 평가나 조언은 하지 않는다. 앞에서 언급한 모든 행동은 안 해도 상관없지만, 하면 효과가 커진다.

1. 적극적 경청은 상대를 이해하려는 마음에서 시작해야 한다.
2. 일주일에 한 번, 10분 정도 실시한다.

행복은 무수히 많은 '사소한 일'들의

축적에서 나온다.

— 대니얼 길버트(하버드대학교 교수)

사소한 즐거움을
쌓아라

하버드대학교 심리학 교수 대니얼 길버트는 2006년 베스트셀러 《행복에 걸려 비틀거리다 Stumbling on Happiness》의 저자이자, TV 출연과 TED 컨퍼런스 출강으로 유명해진 과학자다. 그는 2013년 〈하버드 비즈니스 리뷰〉와의 인터뷰에서 행복의 원천으로 몇 가지를 제시했다. 거기에는 앞에서 다룬 '감사하기', '친절 베풀기', '인간관계 강화하기'와 함께 '사소한 일들을 축적하기'가 포함되어 있다.

작은 즐거움이 행복을 증진한다는 사실에 대해서는 앞에서 이미 살펴봤다. 길버트는 "행복은 무수히 많은 '사소한 일'들의 축적에서 나온다"라고 말하며, 에드 디너가 밝혀낸

'긍정적 경험의 강도보다 빈도가 행복의 예측인자로서 영향력이 더 크다'라는 연구 결과를 언급했다.

일리노이대학교 교수를 지낸 디너는 '닥터 해피니스Doctor Happiness'라는 별명을 가진 행복과학의 선구자다. 그의 연구에 따르면, 사소하지만 좋은 일을 매일 경험하는 사람이 놀라울 정도로 멋진 일을 한 번만 경험하는 사람보다 행복할 가능성이 더 높다고 한다.

영화배우와의 데이트, 퓰리처상 수상, 요트 구매 같은 강렬한 경험이 우리를 행복하게 해줄 것처럼 보이지만, 실제로는 편한 신발 구입, 연인과의 진한 키스, 감자튀김 몰래 먹기 같은 사소한 행동의 축적이 우리를 행복하게 만든다.

길버트는 행복을 가져오는 사소한 일로 먼저, 명상하기, 운동하기, 충분한 수면 취하기 등 일상적이지만 중요한 일을 꼽는다. 그다음으로는 이타주의 실천하기, 인맥 넓히기, 감사한 일 세 가지를 적고 그 이유를 누군가에게 말하기를 제안한다.

우리는 대개 결과가 당장 나타나는 마법의 약을 갖고 싶어 한다. 하지만 길버트는 그런 마법의 약은 없다고 못 박는다. 그리고 행복을 실현하기 위해서는 다이어트를 할 때처럼 "매일 일상적이고도 사소한 일을 하면서 결과가 나타나기를 기다려야 한다"라고 덧붙였다.

"행복을 바란다면 언제 어디에 있든 긍정성Positivity을 추구해야 한다"라고 말한 사람은 노스캐롤라이나대학교 교수 바버라 프레드릭슨이다. 그는 미국심리학회의 첫 긍정심리학 템플턴상 최우수상 등 여러 상을 받았으며, 긍정적 감정 연구의 일인자로 알려져 있다.

프레드릭슨은 긍정성이란 '자신을 긍정하는 마음의 상태'라고 설명한다. 긍정성은 시야를 넓히고, 개인의 지적, 사회적, 신체적 자원을 구축하며, 사람을 최상의 상태로 이끌어 수명을 연장시킨다. 남은 생이 1년이라고 선고받은 에이즈 환자가 긍정성을 높여 9년 동안 산 사례도 있다고 한다.

또한 프레드릭슨은 확장과 구축 이론Broaden - and - Build Theory을 제창했다. 그 이론에 따르면 긍정적 감정은 매 순간의 행동과 사고의 범위를 넓히고 개인의 자원을 지속적으로 구축하여 우리에게 성장과 번영을 가져다준다. 긍정성을 야기하는 긍정적 감정은 많지만, 그중에서 프레드릭슨은 기쁨, 감사, 평온, 관심, 희망, 긍지, 즐거움, 영감, 경외심, 사랑 10가지를 주요 감정으로 꼽는다. 이런 감정들에는 확장과 구축의 기능이 있다. 예를 들어 기쁨은 즐거운 감정과 창조성을 자극하고, 호기심은 탐험 학습 같은 행동을 촉진하며, 평온함은 현재를 음미함으로써 새로운 발견으로 이어질 수 있다.

한편 프레드릭슨은 부정성Negativity 역시 중요하며, 부정성 없이는 번영도 누릴 수 없다고 말한다. 원래 감정심리학에는 '모든 감정은 인간의 진화에 가치가 있다'라는 전제가 있다. 부정적 감정은 사고의 폭을 좁히는 기능을 하여 위기의 순간에서 살아남는 데 도움을 준다.

긍정적 감정의 가치에 대해서는 알려진 바가 없었으나 그것을 처음 발견한 사람이 프레드릭슨이었다. 또 비선형 역학 연구자인 마셜 로사다Marcial Losada의 협력을 받아 긍정성과 부정성의 적절한 비율이 3:1이라는 사실을 밝혀냈다.

이 비율은 일정 기간 내 긍정성의 빈도를 부정성의 빈도로 나눴을 때의 티핑 포인트tipping point(전환점)를 가리킨다. 이 포인트를 상회하면 긍정 에너지가 만드는 상승 나선에 의해 활력이 증진되어 우리는 성장한다. 반대로 하락하면

하강 나선에 의해 활력을 잃게 된다.

프레드릭슨에 따르면 사람은 상승과 하강 중 어느 한 궤도를 따라 변화하는데, 어느 궤도를 따를지, 즉 어떻게 살아갈 것인지는 우리의 선택에 달려 있다. 그래서 긍정적 감정을 느낀 시간과 부정적 감정을 느낀 시간을 기록하여 긍정성의 비율을 파악하고, 궤도가 침체를 향하고 있는지 아니면 번영을 향하고 있는지 예측해야 한다고 주장한다.

게다가 긍정성을 늘리기 위해서는 식물원 산책하기, 친구와 점심 먹기, 댄스 교실 다니기, 업무와 무관한 가벼운 책 읽기 등을 하며 보내는 짧은 휴가를 비롯하여 다음과 같은 방법을 추천한다.

- 삶의 속도를 느리게 하여 긍정성을 진심으로 느낀다.
- 현재 상황에서 긍정적인 의미를 발견한다.
- 좋은 일의 장점을 충분히 음미한다.
- 자신이 누리고 있는 축복을 헤아려본다.
- 자신이 실천한 친절을 의식한다.
- 좋아하는 일에 열중한다.
- 장래를 상상한다.

- 자신의 장점을 발휘한다.

- 타인과의 유대를 형성한다.

- 자연과의 교감을 느낀다.

- 마음 챙김 명상을 한다.

- 사랑과 배려에 대해 명상한다.

- 긍정성 포트폴리오를 만든다.

2013년 어느 논문에서 이 비율이 실증 데이터와 맞지 않는다는 주장이 나와 큰 논란을 일으켰다. 따라서 긍정성과 부정성이 3:1이라는 비율은 어디까지나 참고 사항일 뿐이다. 적어도 프레드릭슨의 '긍정성을 늘리는 것은 자신을 향한 현명하고 건강한 투자'라는 발상에는 내 경험상 동의하는 바이다. 긍정성 비율을 높이면 상승 나선을 따라 번영을 추구하고 즐거운 기분으로 행복해질 수 있다.

나아가 목적을 이루어 세상에 가치를 더할 수 있다면, 얼마나 멋진 일이겠는가. 긍정성의 비율을 높여 행복과 성취감을 느끼는 인생을 살기 위해서 매일 사소한 일들을 쌓아나가야 한다.

하루를 빛낸 세 가지 이야기

적어도 일주일 동안 매일 15분씩 시간을 내서 그날 순조롭게 진행된 일 세 가지를 기록한다. 제목을 붙이고 구체적으로 무엇을 했는지 무슨 일이 일어났는지 기록한다. 순조롭게 진행된 이유에 대해서도 설명한다. 사소하지만 중요한 일이든 큰 사건이든 상관없지만, 중요한 점은 기록하는 것으로, 머리로 생각하는 것만으로는 충분하지 않다. 일과로 삼기 위해서 취침 전에 쓰는 것이 효과적이다.

1. 제목을 정한다.
2. 구체적으로 어떤 일이 일어났는지 세 가지 정도 쓴다.
3. 매일 잠들기 전에 기록한다.

몸에 주의를 기울이는 만큼
마음에도 주의를 기울여야 한다.

— 매튜 킬링스워스(前 하버드대학교 박사연구원)

마음의 건강에
주의를 기울여라

건강한 삶을 원하지 않는 사람은 없다고 해도 과언이 아
닐 것이다. 온라인 쇼핑사이트만 살펴봐도 건강과 관련된
식품, 운동기구, 웰니스 제품이 넘쳐나며, 사람들의 건강에
대한 높은 관심을 쉽게 확인할 수 있다. 우리는 '건강'이란
단어가 신체적 건강뿐만 아니라 정신적 건강까지 포함한
다는 점에 암묵적으로 동의한다. 그러나 많은 사람들이 몸
의 건강을 위해서는 적극적으로 노력하면서도, 정작 마음
의 건강에는 충분한 관심을 기울이지 않는 경우가 많다. 신
체적 건강이 중요한 만큼, 정신적 건강 역시 삶의 질을 결
정하는 핵심 요소다.

여러 가지 일에 둘러싸여 바쁜 일상을 보내다 보면, 외부 환경에만 주의를 기울이게 되고 마음의 상태나 변화를 살피는 일은 잊어버리기 쉽다. 하지만 마음의 상태를 들여다보지 않으면, 마음이 비명을 질러도 듣지 못하게 되어 결국 정신 건강에 문제가 생길 수 있다. 우리는 한층 더 마음에 주의를 기울여야 한다.

하버드대학교에서 박사 학위를 취득하고 펜실베이니아대학교 와튼스쿨의 선임연구원으로 있는 매튜 킬링스워스Matthew Killingsworth는 "몸에 주의를 기울이는 만큼 마음에도 주의를 기울여야 한다"라고 말했다.

휴일에 눈을 뜨고 그날 할 일을 생각할 때 해변 산책, 아이와의 축구 연습, 조깅 등 몸을 움직이는 활동을 떠올리듯이, 마음으로 무슨 일을 할지에 대해서도 생각해야 한다. 그는 대니얼 길버트와의 공동 연구로, '당신의 행복을 추적하세요Track Your Happiness'라는 이름의 행복지수 추적 애플리케이션을 개발하여, 사람들이 매 순간 겪는 사건들이 행복에 끼치는 영향을 분석하는 데 성공했다.

이 애플리케이션을 통해 2009년 이후 83개국의 1만 5천 명 이상의 사람들이 실시간으로 무엇을 하고 어떤 기분을

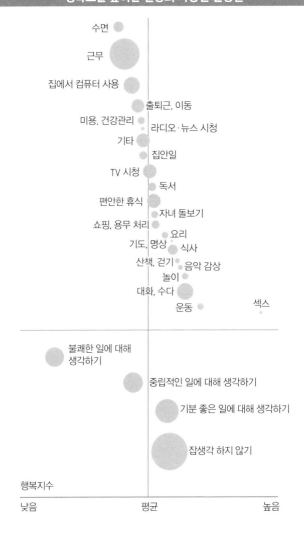

행복도를 높이는 일상의 다양한 활동들

수면

근무

집에서 컴퓨터 사용

출퇴근, 이동

미용, 건강관리

라디오·뉴스 시청

기타

집안일

TV 시청

독서

편안한 휴식

자녀 돌보기

쇼핑, 용무 처리

요리

기도, 명상

식사

산책, 걷기

음악 감상

놀이

대화, 수다

운동

섹스

불쾌한 일에 대해
생각하기

중립적인 일에 대해 생각하기

기분 좋은 일에 대해 생각하기

잡생각 하지 않기

행복지수

낮음

평균

높음

출처: 〈행복 연구의 미래〉 copyright©2012 매슈 킬링스위스, 〈하버드 비즈니스 리뷰〉

느끼고 있는지에 대한 데이터를 얻었다. 그 주요 내용은 2011년 11월 TEDxCambridge의 동영상에서도 공개되었다.

길버트는 이 애플리케이션을 통해 '어떤 사람이 행복한지가 아니라 어떤 순간에 행복한지'를 조사할 수 있게 되었다고 절찬했다. 그 방대한 데이터를 분석한 킬링스워스는 사람의 마음이 '딴생각을 하는 상태Mind-wandering'에 빠지기 쉽다는 사실을 알아냈다. 즉, 무슨 일을 할 때 다른 일을 떠올리면 주의가 산만해져 '마음이 헤매는 상태'가 된다.

누구나 일을 할 때 저녁 메뉴, 주말 계획, 가족, 연인, 걱정거리, 즐거운 일 등을 떠올리곤 한다. 사람의 마음은 쉽게 다른 곳으로 향하며, 어떤 일을 하든 딴생각에 빠지기 쉬운 존재다. 킬링스워스의 연구에 따르면, 사람은 하루 중 거의 절반의 시간을 마음이 헤매는 상태, 즉 딴생각을 하며 보내는 것으로 나타났다.

문제는 이러한 딴생각이 우리의 행복도를 낮춘다는 것이다. 특히 부정적이거나 중립적인 생각을 할 때 행복감이 떨어지며, 심지어 긍정적인 일을 떠올린다고 해도 행복도가 크게 변하지 않는다. 반면, 어떤 활동에 몰입하고 있을 때, 현재의 순간에 온전히 집중할 때 행복도가 가장 높아지는 것으로 분석되었다. 행복은 단순히 좋은 생각을 하는 것이 아니라, 지금 이 순간에 몰입하는 태도에서 비롯된다고 할 수 있다.

지금까지 많은 이론가와 임상학자가 '지금 이 순간'에 집중하는 태도의 소중함을 설명해왔지만, 킬링스워스는 그것을 과학적인 데이터를 통해 입증했다. 킬링스워스는 안타깝게도 일할 때 마음이 헤매는 상태가 되면 생산성이 떨어진다고 말했다. 행복해지기 위해서라도 생산성을 올리기 위해서라도 딴생각에 빠지지 않고 지금 이 순간에 집중해야 한다. 집중은 현재의 행동뿐만 아니라 매 순간 자신의 마음 상태와 변화도 함께 살피는 일이다.

캘리포니아대학교 버클리캠퍼스가 운영하는 그레이터 굿 사이언스 센터 공동창설자인 대커 켈트너는 딴생각에 빠지지 않고 집중하는 상태는 마음 챙김과 같다고 말하며, 행복을 위해서 마음 챙김을 실천하라고 조언한다.

마음 챙김은 앞에서도 언급했듯이 '현재 순간에 일어나

고 있는 자신의 사고, 감정, 신체 감각과 자신을 둘러싼 환경을 의식하는 상태를 유지하는 것'이다. 여기에서는 11가지 행복 연습에도 나오는 마음 챙김 호흡법을 소개한다.

마음을 챙기는 고요한 호흡

일주일에 최소 한 번 15분간 의자나 바닥에 앉아 몸에서 힘을 빼고 편안한 자세를 취한다. 체형이나 체중에 의식을 기울이면서 긴장을 푼다. 자연스러운 호흡을 반복하면서 주의가 산만해지기 시작하면 '생각하고 있다', '헤매고 있다' 라며 낮은 목소리로 말해도 좋다. 그 상태로 5~7분간 자신의 호흡에 집중한다. 때때로 생각에 잠길 수도 있지만, 다시 호흡에 의식을 집중한다. 몇 분 후 신체로 의식을 되돌리며, '오늘 이 시간'에 감사한다.

1. 의자나 바닥에 편안하게 앉는다.
2. 긴장을 풀고 자연스레 호흡한다.
3. 5분에서 7분 정도 자신의 호흡에 집중한다.

우리가 미래를 예측하는 것은
미래를 통제하기 위해서다.

— 대니얼 길버트(하버드대학교 교수)

최고의 미래를 꿈꿔라

돈이나 지위를 얻으면 그 순간에는 분명 행복을 느낄 수 있다. 그러나 그러한 행복은 일시적이며 상대적인 특성을 지닌다. 앞서 언급했듯이, 지위나 부에서 얻는 행복은 지속되지 않으며, 타인과의 비교 속에서 끊임없이 변화할 수밖에 없다. 더 높은 지위, 더 많은 부를 가진 사람을 보며 부족함을 느낀다면, 아무리 많은 것을 성취해도 만족하기 어려운 상태에 빠질 수 있다.

반면 의미 있는 활동은 사람에 따라 달라서 본인에게는 절대적이다. 따라서 의미 있는 활동을 발견해 일상의 행복을 쌓으면서 자신이 원하는 길을 자신만의 속도로 걸어가면, 미래의 행복에 가까워질 수 있다. 또한 타인과 비교나 경쟁할 필요가 없어 마음을 편안한 상태로 유지할 수 있다.

소냐 류보머스키는 '누가 가장 행복할까?' 하는 질문에 '내적 기준이 있는 사람'이라고 단언했다. 내적 기준이 있으면 자신에게 의미 있는 활동을 찾기 쉬우며, 원하는 길만 한결같이 걸어갈 수 있다. 류보머스키가 권하는 행복을 추구하는 행복 즉, 과정을 즐기는 행복을 얻을 수도 있다.

대니얼 길버트는 '사람이 큰 전두엽을 가지고 있는 이유는 미래를 내다보기 위해서'이고, '미래를 내다보는 이유는 미래를 예측하기 위해서'이며, '미래를 예측하는 이유는 미래를 통제하기 위해서'라고 설명한다. 또 미래에도 좋고 나쁨이 있으며, 현재의 위치에서도 무엇이 좋은 미래인지 알수 있다. 그래서 인생을 항해하는 배의 행선지를 스스로 통제하고 싶어지고 또 그렇게 해야 한다고 그는 말한다.

한편 길버트는 우리는 무엇이 자신을 행복하게 하는지, 그 행복이 어느 정도 지속될지를 예측하는 능력은 그다지 뛰어나지 못하다고도 말했다. 우리는 긍정적인 사건은 지금의 현실보다 자신을 더 행복하게 만들 것이고, 부정적인 사건은 현실보다 더 불행하게 만들 것이라고 예측하는 경향이 있다.

그래서 새 집이나 새로 만난 연인이 우리를 행복하게 할지도 모르지만, 그 행복은 그렇게 크지 않고 오래 지속되지도 못한다고 말했다. 최근 연구에 따르면, 3개월 이상 우리에게 영향을 끼치는 경험은 별로 없다.

길버트는 우리가 미래의 자신과 상황을 미리 그려보고 예견하는 능력은 뛰어나지 않지만, "상상은 자연이 준 최고의 선물"이며, 인류만이 가지고 있는 커다란 전두엽은 "조금 앞에 있는 행복으로 이끌어주지는 못하더라도 적어도 왜 도달하지 못했는지는 가르쳐준다"라고 말했다.

우리는 행복해지기 위해서 태어났다. 그 불변의 섭리에 대해 지금까지 심리학, 경제학, 뇌과학의 연구 결과와 지식을 가지고 설명해왔지만, 마지막으로 미래의 행복을 창조하는 데 힌트가 될 길버트의 말을 소개하고자 한다.

1. 만약 당신이 실명하거나 재산을 잃는다 해도 다른 곳에서 완전히 새로운 삶을 발견할 수 있을 것이다.
2. 당신은 새로운 삶을 더 좋게 만들어주는 요소를 발견하

고, 그것은 당신을 행복하게 해줄 것이다.

3. 과학자로서 내가 가장 놀랐던 점은, 우리가 그것을 발견하는 작업에 얼마나 뛰어난 능력을 가지고 있는지 대부분 모른다는 사실이다.

4. 우리는 최선을 다하는 놀라운 능력을 가지고 있으며, 대부분의 사람은 자신의 생각보다 훨씬 더 역경에 강하다.

경영계에서는 회복탄력성Resilience에 주목했다. 우리는 이러한 회복력 덕분에 어떤 상황에서도 다시 일어설 수 있고 새로운 행복을 발견할 수 있게 된다. 그런 놀라운 능력을 발휘하고 진정한 행복을 추구하기 위해서라도 여러 '행복의 기술'을 활용해보기를 바란다. 삶의 명확한 목적을 찾아내 일상의 작은 행복을 더욱더 음미하게 될 것이다.

그리고 길버트가 제안한 것처럼 '때때로 뭔가를 손에 넣거나 어디에 가거나 무슨 일을 한다면 어떤 느낌이 드는지 보기 위해서 눈을 가늘게 떠보기도 하고 뚫어지게 바라보기도 하는' 상상을 펼쳐보라. 이는 미래의 경험을 시뮬레이션하여, 자신이 진정 원하는 것이 무엇인지 파악하는 데 도움을 준다. 우리는 종종 막연한 기대감 속에서 목표를 설정하지만, 실제로 그 목표를 이룬 순간의 감정을 충분히 예상해보지 않는 경우가 많다. 따라서, 자신이 이루고자 하는 일들이 진정한 만족을 줄 수 있을지, 미리 깊이 상상하고 점검하는 과정이 필요하다.

목표 설정에도 유용하며 낙관주의를 높이는 행복 연습 '최고의 자신Best Possible Self'은 상상력과 창조력까지 키울 수 있다. 이 방법은 미주리대학교 교수 로라 킹과 하버드대학교 의학대학원 교수 제프리 호프만Jeffery Huffman이 개발했으며, 류보머스키와 켄 셸던의 연구로 건강과 행복을 증진한다는 사실이 밝혀졌다.

우리는 커다란 뇌를 가진 종種으로 태어나, 미래를 예측하고 계획할 수 있는 존재다. 그렇기에 매일을 어떻게 행복하게 보낼 것인지, 삶을 어떻게 의미 있게 만들 것인지 주체적으로 사고할 수 있는 능력을 가지고 있다. 행복은 주어지는 것이 아니라, 스스로 만들어가는 것이다.

따라서 우리는 단순히 주어진 삶을 살아가는 것이 아니라, 능동적으로 선택하고 실천하며 자신의 행복을 창조해야 한다.

결국, 자신의 행복을 책임지는 주체는 다름 아닌 '나' 자신이다. 삶을 의미 있게 채우고, 행복을 스스로 만들어나가는 과정 속에서, 우리는 진정한 만족과 충만함을 경험할 수 있다.

내가 꿈꾸는 최고의 자신

2주에 한 번 15분 동안 미래의 삶을 그려보는 시간을 가진다. 자신이 상상할 수 있는 최고의 모습을 이미지로 떠올렸다면 15분 동안 최고의 미래에 대해서 길게 적어본다. 지금은 비현실적으로 생각될지라도 실현할 수 있는 최고의 자신과 최고의 미래에 초점을 맞춰야 한다. 구체적으로 그릴수록 효과는 커진다. 문법이나 철자는 신경 쓰지 말고 상상력을 발휘하여 창조적으로 써보자.

1. 당신이 실현할 수 있는 최고의 삶을 상상한다면 어떤 삶인가?
2. 그 삶에서 직업, 학업, 인간관계, 취미, 건강 등은 어떠한가?
3. 최고의 미래를 상상한다면, (위에서 언급한) 삶의 다양한 영역에서 무슨 일이 일어날 것 같은가?

행복한 사람이 만드는
행복한 사회가 되길 바라며

커리어는 진정한 행복을 손에 넣기 위한 길이며, 자신에게 진정한 행복을 안겨주는 사명을 찾아서 완수하기 위한 여행이라고 할 수 있다. 그 길을 어떻게 선택하고, 그 여행을 어떻게 즐길지에 대해 이 책은 행복과학의 지식과 연구결과를 바탕으로 한 어떻게 행복할 것인지에 대한 '행복의 기술'을 소개하고 있다.

이 책에는 지속 가능한 행복을 얻기 위한 다양한 사고방식과 방법이 소개되어 있으나, 모든 기술이 누구에게나 도움이 된다고 단언할 수는 없다. 관심 있는 방법은 시도해보고, 소냐 류보머스키의 개인 - 활동 간 적합성 진단 테스트를 통해 자신에게 맞는 기술을 즐거운 마음으로 찾아보기를 바란다. 〈머리말〉에서도 말했듯이 나는 그 기술들 덕분에 '성공의 함정'에서 해방되어 행복감이 커지는 경험을 직접 겪었다.

모든 기술은 지식으로 습득하는 것에서 시작된다. 그 지식을 실천하여 몸에 익히고 습관으로 굳히는 과정을 통해 기술은 가치를 발휘하게 된다. 자신에게 적합한 행복의 기술을 찾아 꾸준하게 실천하여 '행복의 습관'으로 만들면, 우리는 지속 가능한 행복을 손에 넣을 수 있다. 행복은 기다리는 것이 아니라 만드는 것이다. 그리고 행복을 만들어 내면 성공은 따라온다. 행복은 성공을 이끈다.

이 책이 탄생하기까지 1년이라는 시간이 걸렸다. 그 과정은 평탄하지 않았다. 하지만 나에게는 책을 통해 사회에 봉사하고 싶다는 바람이 있었다. 행복에 관한 귀중한 지식과 실천 기술을 전하고, 나아가 행복한 사람들에 의한 행복한 사회를 만들고 싶었다. 때때로 무너질 것 같은 마음을 지탱해준 것은 "행복은 서로를 위한 봉사 속에 있다는 진실은 변하지 않는다"라는 하버드대학교 경영대학원 교수 클레이튼 M. 크리스텐슨 박사의 명언이었다. 그리고 그 명언을 증명이라도 하듯 많은 사람이 정보를 제공해주고 조언과 격려로 힘을 보태줬다.

염원하던 책 집필에 도전하여 도움을 준 사람들에게 무한한 감사를 느끼는 동시에, 행복의 기술에 대한 이해는 깊어졌고 실천은 강화되었다. 그래서 지금의 나는 1년 전의 나보다 더 행복하다. 그러니 내가 바로 하버드대학교 관계자들이 말하는 '행복의 기술'의 효과를 몸소 증명한 셈이 아닐까?

지금까지의 모든 시간과 경험에 감사하며 나를 지탱해준 사람들의 도움에 보답하기 위해서 나의 글이 진정한 성공과 행복으로 가는 길을 알려주는 나침반이 되기를 바란다.

유키 소노마

당장 실천할 수 있는
행복을 만들어가는 여섯 가지 행동

1. 감사 일기

2. 친절한 행동

3. 적극적 경청

4. 좋은 일 세 가지

5. 마음 챙김 호흡법

6. 최고의 모습 상상하기

도서

- A Primer in Positive Psychology: Oxford Positive Psychology Series, Christopher Peterson, Oxford University Press, 2006
- Authentic Happiness: Using the New Positive Psychology to Realize Your Potential for Lasting Fulfillment. Martin E. P. Seligman, Free Press, 2002
- How Will You Measure Your Life?: Harvard Business Review July - August. Clayton M. Christensen, Harvard Business Review Press, 2010
- How Will You Measure Your Life?. Clayton M. Christensen, Harvard Business Review Press, 2012
- Happier: Learn the Secrets to Daily Joy and Lasting Fulfillment, Tal Ben - Shahar, McGraw Hill, 2007
- The Happiness Advantage: How a Positive Brain Fuels Success in Work and Life. Shawn Achor, Crown Currency, 2010
- The Myths of Happiness: What Should Make You Happy, but Doesn't, What Shouldn't Make You Happy, but Does. Sonja Lyubomirsky, Penguin Books, 2013
- The How of Happiness: A New Approach to Getting the Life You Want. Sonja Lyubomirsky, Penguin Books, 2007
- キャリア開発と統合的ライフ・プランニング: 不確実な今を生きる6つの重要課題. サニー・S. ハンセン, 福村出版, 2013
- Integrative Life Planning: Critical Tasks for Career Development and Changing Life Patterns. L. Sunny Hansen, Jossey - Bass, 1996
- One Day University Presents: Positive Psychology: The Science of Happiness (Harvard's Most Popular Course). One Day University, One Day University, 2010
- Triumphs of Experience: The Men of the Harvard Grant Study. George E. Vaillant, Belknap Press, 2012

- A Way to Get Past Regrets: The Wall Street Journal May.19. Diane Cole, 2013
- 幸せを科学する:心理学からわかったこと.大石繁宏,新曜社,2009
- Positive Intelligence: Harvard Business Review January – February. Shawn Achor, Harvard Business Review Press, 2012
- 新訂 いい会社をつくりましょう.塚越 寛,文屋,2012
- The Politics of Happiness: What Government Can Learn from the New Research on Well – Being. Derek Bok, Princeton University Press, 2010
- 幸福の習慣.トム・ラス/ジム・ハーター,ディスカヴァー・トゥエンティワン,2011
- 幸せのメカニズム.前野隆司,講談社現代新書,2013
- Happy Money: The Science of Happier Spending. Elizabeth Dunn & Michael Norton, Simon & Schuster, 2013
- Finding Flow: The Psychology of Engagement with Everyday Life. Mihaly Csikszentmihalyi, Basic Books, 1997
- フロー体験 喜びの現象学.M.チクセントミハイ,世界思想社,1996
- 奇跡の職場: 新幹線清掃チームの働く誇り. 矢部輝夫, あさ出版, 2013
- Reaching Your Potential: Harvard Business Review July – August. Robert S. Kaplan, Harvard Business Review Press, 2008
- Career Choice and Development: Applying Contemporary Theories to Practice (Jossey – Bass Management Series. A Life – span Life – space Approach. Figure 7.2 In. Donald E. Super, Jossey – Bass, 1990)
- Howard's Gift: Uncommon Wisdom to Inspire Your Life's Work. Eric C. Sinoway & et, St. Martin's Griffin, 2012
- ハーバード流 キャリア・チェンジ術. ハーミニア・イバーラ, 翔泳社, 2003
- What They Teach You at Harvard Business School: The Internationally – Bestselling Business Classic, Philip D. Broughton, Penguin Books Ltd, 2010
- Dinner wih Lenny: The Last Long Interview with Leonard Bernstein, Jonathan Cott, Oxford University Press, 2013

- Success That Lasts: Harvard Business Review February, Howard H. Stevenson & Laura Nash, Harvard Business Review Press, 2004
- Just Enough: Tools for Creating Success in Your Work and Life. Howard H. Stevenson & et, John Wiley & Sons Inc, 2004
- いまマインドフルネスが注目される理由: ハーバード・ビジネス・レヴュー, エレン・J・ランガー, 2014
- Gの法則—感謝できる人は幸せになれる. ロバート・A エモンズ, サンマーク出版, 2008
- ハーバードの人生を変える授業. タル・ベン－シャハー, 大和書房, 2010
- The Science Behind The Smile: Harvard Business Review May, Daniel Gilbert, Harvard Business Review Press, 2012
- Stumbling on Happiness: Think You Know What Makes You Happy?. Daniel Gilbert, Alfred A. Knopf, 2006
- ポジティブな人だけがうまくいく3:1の法則. バーバラ・フレデリクソン, 日本実業出版社, 2010
- ワーク・シフト: 孤独と貧困から自由になる働き方の未来図〈2025〉. リンダ・グラットン, プレジデント社, 2012

웹사이트

- edX〈The Science of Happiness〉http://www.edx.org/
- Greater Good Science Center http://greatergood.berkeley.edu/
- 인생게임이란 무엇인가 http://www.takaratomy.co.jp/products/jinsei/whats/index.html
- TEDxKids@Chiyoda http://tedxkidschiyoda.com/speakers/1577
- 이나식품공업 http://www.kantenpp.co.jp/corpinfo/index2.html
- 레디포 http://readyfor.jp
- 錦織圭 公式ブログ http://blog.keinishikori.com/cat11/
- 慶應義塾双生児研究グループ http://kts.keio.ac.jp/

무엇을 사랑하고 어떻게 행복할 것인가

ⓒ 유키 소노마, 2025

초판 1쇄 인쇄 | 2025년 4월 1일
초판 1쇄 발행 | 2025년 4월 9일

지은이 | 유키 소노마
옮긴이 | 정은희
책임편집 | 김아영
콘텐츠 그룹 | 배상현, 김다미, 김아영, 박화인, 기소미
북디자인 | STUDIO 보글

펴낸이 | 전승환
펴낸곳 | 책 읽어주는 남자
신고번호 | 제2024-000099호
이메일 | bookpleaser@thebookman.co.kr

ISBN 979-11-93937-58-7 (03190)